3D 창의융합 메이커 코딩 추천도서

드론+3D프린팅 코딩을 활용한 상상 창작교실

이성웅, 김형진, 윤정환 공저

www.cyber.co.kr

드론+3D프린터+코딩을 활용한 무한상상 창작교실

2019. 1. 2. 초 판 1쇄 인쇄
2019. 1. 7. 초 판 1쇄 발행

지은이 | 이성웅, 김형진, 윤정환
펴낸이 | 이종춘
펴낸곳 | **BM** (주)도서출판 **성안당**
주소 | 04032 서울시 마포구 양화로 127 첨단빌딩 5층(출판기획 R&D 센터)
 | 10881 경기도 파주시 문발로 112 출판문화정보산업단지(제작 및 물류)
전화 | 02) 3142-0036
 | 031) 950-6300
팩스 | 031) 955-0510
등록 | 1973. 2. 1. 제406-2005-000046호
출판사 홈페이지 | www.cyber.co.kr
ISBN | 978-89-315-5438-0 (13000)
정가 | 16,000원

저자와의
협의하에
검인생략

이 책을 만든 사람들

기획 | 최옥현
진행 | 최재석
전산편집 | 앤미디어
표지 디자인 | 박원석
홍보 | 정가현
국제부 | 이선민, 조혜란, 김혜숙
마케팅 | 구본철, 차정욱, 나진호, 이동후, 강호묵
제작 | 김유석

■ 도서 A/S 안내

성안당에서 발행하는 모든 도서는 저자와 출판사, 그리고 독자가 함께 만들어 나갑니다.
좋은 책을 펴내기 위해 많은 노력을 기울이고 있습니다. 혹시라도 내용상의 오류나 오탈자 등이 발견되면 **"좋은 책은 나라의 보배"**로서 우리 모두가 함께 만들어 간다는 마음으로 연락주시기 바랍니다. 수정 보완하여 더 나은 책이 되도록 최선을 다하겠습니다.
성안당은 늘 독자 여러분들의 소중한 의견을 기다리고 있습니다. 좋은 의견을 보내주시는 분께는 성안당 쇼핑몰의 포인트(3,000포인트)를 적립해 드립니다.
잘못 만들어진 책이나 부록 등이 파손된 경우에는 교환해 드립니다.

머리말　　**【현재와 미래를 잇는 희망의 아이콘 – "드론"】**

현재와 미래를 향한 우리의 뜨거운 열정이 모여 시대의 혁명 "드론"의 세상이 펼쳐지고 있습니다. 지나온 과거를 발판삼아 새로운 산업혁명을 받아들여야 하는 실로 엄청난 세상을 만들어 가야 할 시대의 과제인 것입니다. 하지만 많은 전문가들의 넘쳐나는 정보에 우리 학생들은 어디서부터 무엇을 어떻게 시작해야 될지를 찾기가 힘든 요즘입니다. 예전에 처음 인터넷이 보급될 때도 지금처럼 매일 매일 쏟아지는 정보와 자료속에서 무엇을 읽고 배우고 익혀야 하는지를 혼동하던 시대를 살았던 저는 여러분들이 지금 겪을 어려움이 어떤 것인지 경험으로 잘 알고 있습니다.

가까운 미래에 우리의 삶에 깊숙이 자리 잡을 드론 관련 직업 또한 여러분이 놓쳐서는 안될 이유입니다. 다양한 산업과의 연계성 강화, 고해상도 카메라, 적외선 카메라, 충돌방지용 센서, 자동항법 시스템 등 항공 소프트웨어 산업, GPS 위치기반 산업, 전투용 드론과 수중드론 등 '4차 산업의 꽃'으로 자리매김할 것입니다.

그러므로 앞으로 여러분들과 함께 드론의 가장 기본적인 포지션에서 눈높이를 맞추기 쉽고 빠르게 익힐 수 있는 드론 교육을 진행해 보고자 합니다.

『**지니 메이커스와 함께 하는 3D코딩 드론 교실**』 교재에서는 드론의 역사와 구조적 원리를 배우고 익힌 다음, 직접 디자인한 드론을 내 손으로 만들어 조립을 해보고 그것을 가지고 비행을 시도하고 더 나아가서는 코딩 드론 제작까지 해볼 수 있도록 한 단계 더 큰 그림의 수업을 진행해 보도록 하겠습니다.

따라서 풍부한 상상력과 창의력의 아이디어가 반짝이는 여러분의 첫 도전에 지니코딩에듀(주)에서 개발한 쉽고 탄탄한 교재로 좀 더 빠르게 배울 수 있도록 안내합니다.

"상상이 곧 현실이 된다."는 멋진 말처럼 우리가 꿈꾸는 미래의 첫 장을 함께 시작해 봅시다. 지니코딩에듀(주)에서는 여러분들의 무한한 상상력과 창의력을 융합해 나갈 수 있도록 최선의 노력을 다 하겠습니다.

마지막으로 늘 밝은 웃음과 긍정의 에너지를 채워주는 사랑하는 나의 가족에게 고마움을 전하며 특별히 같이 노력한 윤정환, 김형진님 및 회사가족들의 많은 도움과 응원에 깊은 감사를 드립니다.

저자 이성웅, 윤정환, 김형진

목차

드론의
개요

PART 01

"드론(Dron)이란 무엇인가? 왜 드론에 대한 관심이 높은지?" 에 대한 드론의 가장 기본적인 역사적인의미 기초지식과 드론의 규정에 대한 이해라고 할수 있습니다. 물론 드론산업의 발전으로 인하여 드론의 규정은 나날이 발전되어 가고 있습니다.

드론이란?

CHAPTER
01

❶ 드론(Drone)의 사전적 의미

[명사] 꿀벌, 개미 등 벌목과 곤충의 수컷

[동사] 꿀벌이 내는 것과 같은 '웅웅' 거리는 소리

❷ 무인항공기

조종사 없이 무선 전파의 유도에 의해 비행 및 조종
이 가능한 비행기

[한자] 無人航空機

[영어] Unmaned Aerial Vehicle

❸ 항공안전법

초경량 비행장치에 해당하는 무인비행장치로 구분함

CHAPTER
02

드론의 **명칭**

1935년 영국 왕실에서 무인 조종기에 여왕벌(Queen Bee)이라는 이름을 명하였고, 이에 미국 해군 연구소에서 만든 무인 항공기의 이름을 영국과 상응하는 이름으로 수벌(Drone)이라는 이름으로 최초로 '드론'이라는 명칭을 사용하였습니다.

PART 01 드론의 개요

드론의 **발전사**

1 신화 속의 인물

고대 그리스 이전부터 인간들은 하늘을 날고 싶어 하는 욕망을 가지고 있었습니다. 고대 사람들에게 하늘은 신만이 사는 신성한 곳이며 하늘을 나는 것은 신들의 특권이라 생각하였고 그러한 신의 영역에 인간이 감히 발을 들여놓으려는 것 자체가 신을 모독하는 죄악이었습니다. 그래서 옛 신화나 전설 속에서 나타나듯 신이나 천사만이 날개를 가지고 하늘을 날아다녔습니다. 중국의 전설에서는 황제 '순'이 황녀에게 비행술을 배워 하늘을 날아다녔고, 그리스 신화에서는 거대한 날개를 가진 천마 '페가수스'가 '벨레로폰'을 태우고 하늘을 날아다녔습니다. 게르만 신화 속의 신 '오딘'은 머리 양쪽에 날개를 달고 여덟 개의 다리를 가진 말을 타고 하늘을 날아다녔습니다.

2 인간의 공상 비행

세월이 흐르며 인간들은 새처럼 하늘을 날고 싶은 욕망이 더욱 커졌습니다. 아랍 제국의 연금술사 '아바스 이븐 피르나스'는 새털로 만든 인공날개를 몸에 달아 높은 곳에서 뛰어내리며 비행을 시도했지만 그대로 땅에 떨어져 죽고 말았습니다. 이렇게 새의 날개를 모방하여 뛰어내리며 비행을 시도한 사람들을 '타워 점퍼'라고 불렀고, 이들은 죽음을 각오하고 하늘에 도전하였으나 모두 실패로 끝이 났습니다.

인간이 하늘을 정복하는 수단으로 가장 먼저 사용된 것은 '연'입니다. 연은 줄로 땅과 연결되어 있어, 연의 비행은 새가 하늘을 날아다니는 것과는 근본적으로 다릅니다. 그러나 부딪히는 바람으로 생기는 힘, 즉 양력을 이용하여 하늘 높이 뜨는 연은 바람의 성질을 비롯하여 비행의 원리를 인간에게 가르쳐 주었습니다. 고대 중국 B.C.200년 무렵에는 한나라의 장군 '한신'이 연을 날려 하늘에서 적진을 정찰했다는 기록이 남아있고 13세기에 이르러 인도와 페르시아를 거쳐 유럽으로 건너간 연은 14세기에 유럽에서도 전쟁에서 적진을 정찰하는 데 이용되었습니다.

3 비행선 비행시대

옛사람들은 바다와 하늘은 같다고 여기고, 배가 물 위를 떠다니듯이 하늘에서는 하늘배가 떠다닐 수 있다고 생각하여 비행선이라고 불렀습니다. '앙리 지파르'는 1852년 9월 비행체를 유선형으로 만들어 공기 저항을 줄여 그 속에 석탄 가스를 채운 가벼운 증기기관 비행선을 개발하였습니다. 길이 44m, 직경 12m의 이 비행선은 그물로 덮은 풋볼 모양의 비행체 밑에 길이 20m의 나무 막대기를 매달고, 무게 160kg에 3마력을 낼 수 있는 증기엔진과 4m의 프로펠러, 그리고 사람이 탈 수 있는 곤도라를 달았습니다. 이 비행선은 동력을 이용하여 조종하면서 하늘을 비행하는 최초의 비행이었습니다.

4 세계 최초 동력비행에 성공한 라이트 형제

라이트 형제는 공동으로 기계완구와 자전거점을 경영하다가 독일의 '릴리엔탈'이 글라이더 시험 중 추락사한 것을 알고 항공에 흥미를 가져 비행기 연구를 시작하였습니다. 1900년 노스캐롤라이나주의 키티호크에서 2회에 걸쳐 글라이더의 시험비행을 하였지만 실패하였습니다. 그 후에도 라이트 형제는 포기하지 않고 데이턴에서 비행기의 과학적 연구에 착수, 모형으로 200회 이상 시험하였고, 키티호크에서

1000회에 이르는 글라이더 시험비행을 하였습니다. 같은 해 12월 데이턴에 돌아와 형제가 직접 만든 가솔린 기관을 기체에 장치하여 1903년 12월 17일 키티호크에서 역사상 처음으로 동력비행기를 조종하여 지속 적인 비행에 성공하였습니다.

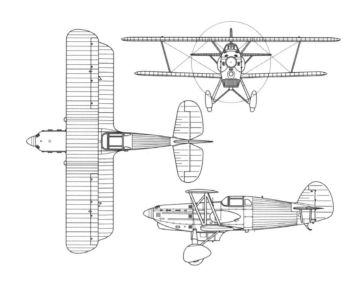

5 영국해협을 횡단한 블레리오 11형

프랑스의 '루이 블레리오'가 1908년 개발한 단발단엽의 블레리오11은 무게 300kg의 소형 목제기로 공기의 저항을 줄이기 위해 단엽에 꼬리 부분이 가는 유선형이었습니다. 1909년 7월 블레리오는 자신이 설계 제작한 블레리오 11을 직접 조종하여 처음으로 프랑스의 칼레로부터 영국의 도버까지 영불해협을 횡단하여 인류 최초로 해협을 횡단해서 비행하는 데 성공하였고 제1차 세계대전이 일어나기 전에 이미 40여 종의 비행기를 개발하여 800대 이상을 제조했는데 이 비행기들은 대전이 일어나자 바로 군용기로 사용되어 서부전선에서 활약하였습니다.

6 제1차 세계대전에 사용된 비행기

초기에 적진을 정찰하는 데 사용되던 비행기는 점차 여러 용도의 필요성이 증가됨에 따라 그 목적에 맞는 각종 군용기가 개발되어 폭격기, 전투기 등이 등장하게 되었습니다. 폭격기의 속도는 다소 늦더라도 많은 폭탄을 싣고 멀리 비행할 수 있어야 했고 전투기는 속도와 상승력이 우수하고 조종하기 쉬워야 했습니다. 제1차 세계대전이 본격화된 1915년 후반부터 공중전, 정찰, 폭격, 적진공격, 지상부대 응호 등 그 역할에 맞는 전투기, 정찰기, 지상공격기, 폭격기 등이 본격적으로 개발되며 성능도 크게 향상되어 속도가 빨라졌고 더 많은 폭탄을 싣고 더 멀리 비행할 수 있었으며 조종하기 쉬운 군용기가 잇달아 개발되었으며 전투기에는 기관총도 장착되었습니다. 1917년에는 지상 공격기가 개발되었고 장거리 폭격기도 개발되어 적의 후방을 폭격하기에 이르렀습니다.

7 폭격기가 여객기로 변신

제1차 세계대전이 끝난 직후 오랜 전쟁으로 재정이 매우 악화된 유럽의 참전국들은 쓸모없게 된 군용기의 일부를 민간 수송기로 개조하여 사용하였습니다. 영국은 쌍발 복엽기의 대형 폭격기 '비커스 비미'를 2인승의 객실을 갖춘 여객기로 개조하였고, 프랑스는 쌍발 복엽의 '파르망 고리아드'를 중앙에 통로가 있는 객실에 12석의 좌석을 갖춘 여객기로 개조하였고 이것은 세계 최초로 개설된 국제선이었습니다. 밀폐된 객실과는 달리 조종석은 오픈되어 있어 조종사는 산소마스크와 전기난방식 비행복을 착용했으며 조종실에는 파라슈트가 비치되어 있었습니다.

8 제2차 세계대전의 항공기

제2차 세계대전은 전략과 전술, 그리고 전투기술에 이르기까지 모든 면에서 이전의 역사에서는 찾아볼 수 없었던 엄청난 전쟁이었는데 특히 항공력이 승패에 결정적인 영향을 미쳤습니다. 군용기는 정찰, 전투, 공격, 폭격뿐만 아니라 병력이나 군수 물자의 수송에도 활용되어 전투기와 폭격기를 비롯하여 정찰기, 초계기, 수송기 등 임무별로 군용기가 개발되었으며 전투기의 고속화에 폭격기의 장거리 대형화가 이루어졌습니다. 제1차 세계 대전 말기에 최대속도가 시속 200km였던 전투기의 속도는 2차 세계대전 초기에는 시속 500km, 말기에는 시속 750km까지 향상되었고, 탑재력이 증강된 폭격기는 4발 대형의 중폭격기의 개발로 전략폭격이 강화되고 레이더 장착으로 야간이나 악천후에도 폭격비행이 가능해졌습니다. 그리고 전파유도장치를 개발하여 폭격 대상 위치를 파악하는 데까지 이르렀습니다. 실제로 미국의 4발 대형 장거리 중폭격기인 '보잉 B-17'과 영국의 '아브로 랭케스터'는 독일의 주요 도시를 밤낮을 가리지 않고 폭격하여 큰 피해를 주기도 하였습니다.

과거의 드론

- **최초의 드론 '스페리 에어리얼 토페토'**
- 제 1, 2차 세계대전 당시 군사용 무기
- 무인항공기 1917년 미국 개발, 100kg이 넘는 폭탄을 실을 수 있는 폭격기

- **일회용 폭격 드론 '게더링버그'**
- 1918년 찰스케터링 개발, 무인 소형 복엽기 기체가 나무로 만들어짐

- **최초의 재사용 가능한 드론 'DH-82'**
- Queen Bee, 1935년 영국 개발, 포격용 비행체 '드론'이라는 명칭을 최초로 사용

- **최초의 대량생산 드론 '라디오 플레인 OQ-2'**
- 1940년대 미국 개발, 15,000여 대 생산

- **최초의 제트엔진 드론 '라이언 파이어비'**
- 1951년 미국 개발, 베트남전 사용, 주로 감시정찰용

현재의 드론

CHAPTER 05

- **태양열 드론 '아퀼라'**
- 페이스북 CEO 마크 저커버그 개발 태양열 추진, 40억 인구에 인터넷 접속 제공
- **농업용 드론 'MG-1'**
- 자동 방제, 농업의 효율성 극대화
- **항공 촬영 드론 '팬텀'**
- **군사용 드론 'K-Hawk'**
- **수송용 드론 '아마존'**
- **레이싱용 드론 '마빅'**

드론의 용도

❶ 레크레이션

– 전투용에서 시작한 드론은 장난감 드론, 경주용 드론, FPV 드론 등 취미용으로 사용되면서 보다 개
 인용으로 보급되어가고 있습니다.

❷ 항공 촬영

– 대표적인 항공 촬영은 방송용으로 쓰고 있습니다. 그뿐만 아니라 지정된 GPS 비행경로를 따라 천천
 히 비행하며 해상도 사진을 촬영할 수 있는 것은 드론만이 가능한 기능입니다.

– 사건, 사고 감시 보고 : 사건, 사고 발생 시 영상 촬영 후 송신(실시간 교통 흐름 보고, 공기질 측정 보고)

❸ 배달 서비스

– 택배, 우편 서비스 배달 등 다양한 물류 이동 수단으로 드론을 활용할 수 있습니다.

– 우편물, 식료품, 반송 서비스, 농장 직구매

※ 다양한 용도로 계속적으로 발전하고 있습니다.

CHAPTER 07

드론 규정

아래 제시된 내용은 국토교통부 정책 Q&A를 참조하였습니다.

현재 지속적인 드론 산업의 확대로 법개정이 계속되고 있습니다. 참고바랍니다.

Q1 무인비행장치를 한 대 장만했다. 안전하게 비행하려면 어떤 절차를 거쳐야 할까?

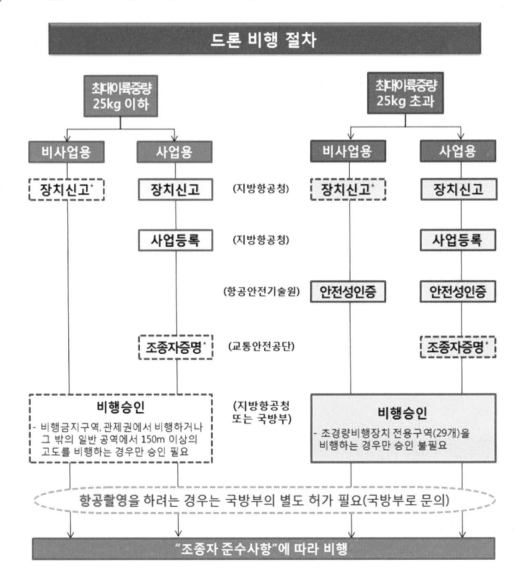

드론 비행 절차

최대이륙중량 25kg 이하			최대이륙중량 25kg 초과	
비사업용	사업용		비사업용	사업용
장치신고*	장치신고	(지방항공청)	장치신고*	장치신고
	사업등록	(지방항공청)		사업등록
		(항공안전기술원)	안전성인증	안전성인증
	조종자증명*	(교통안전공단)		조종자증명*
비행승인 - 비행금지구역, 관제권에서 비행하거나 그 밖의 일반 공역에서 150m 이상의 고도를 비행하는 경우만 승인 필요		(지방항공청 또는 국방부)	비행승인 - 초경량비행장치 전용구역(29개)을 비행하는 경우만 승인 불필요	

항공촬영을 하려는 경우는 국방부의 별도 허가 필요(국방부로 문의)

"조종자 준수사항"에 따라 비행

Q2 취미용 무인비행장치는 안전관리 대상이 아니다?

A2 No (X)

취미활동으로 무인비행장치를 이용하는 경우라도 조종자 준수사항은 반드시 지켜야 합니다. 이는 타 비행체와의 충돌을 방지하고 무인비행장치 추락으로 인한 지상의 제3자 피해를 예방하기 위한 최소한의 안전장치이기 때문입니다. 또한, 비행금지구역이나 관제권(공항 주변 반경 9.3km)에서 비행할 경우에도 무게나 비행 목적에 관계없이 비행승인이 필요합니다.

Q3 드론을 실내에서 비행할 때에도 비행승인을 받아야 되나요?

A3 No (X)

사방, 천장이 막혀있는 실내 공간에서의 비행은 승인을 필요로 하지 않습니다. 적절한 조명장치가 있는 실내 공간이라면 야간에도 가능합니다. 다만 어떠한 경우에도 인명과 재산에 위험을 초래할 우려가 없도록 주의하여 비행하여야 합니다.

Q4 비행승인이 필요한 지역과 승인기관을 알려주세요.

A4 아래 지역은 장치 무게나 비행 목적에 관계없이 날리기 전 반드시 승인이 필요합니다.

Q5 내가 비행하려는 장소가 승인이 필요한 곳인지 쉽게 찾아볼 수 있는 방법이 있나요?

A5 Yes (O)

국토교통부와 (사)한국드론협회가 공동 개발한 스마트폰 어플(명칭 : Ready to fly)을 다운받으면 전국 비행금지구역, 관제권 등 공역현황 및 지역별 기상정보, 일출일몰시각, 지역별 비행허가 소관 기관과 연락처 등을 간편하게 조회할 수 있습니다.

Q6 조종자가 지켜야 할 사항은 어떤 것들이 있을까요?

A6 단순 취미용 무인비행장치라도 모든 조종자가 준수해야 할 안전수칙을 항공안전법에 정하고 있고 조종자는 이를 지켜야 합니다. 조종자 준수사항은 비행장치의 무게나 용도와 관계없이 무인비행장치를 조종하는 사람 모두에게 적용됩니다. 조종자 준수사항을 위반할 경우 항공안전법에 따라 최대 200만 원의 과태료가 부과됩니다.

Q7 무인비행장치 조종자로서 야간에 비행하거나 육안으로 확인할 수 없는 범위에서의 비행은 불가능한가요?

A7 항공안전법 제129조 제5항에 따라 무인비행장치 조종자로서 야간에 비행하거나 육안으로 확인할

수 없는 범위에서 비행하려는 자는 특별비행승인을 받아 그 승인 범위 내에서 비행 가능합니다.

Q8 **무인비행장치로 취미생활을 하고 싶은데 자유롭게 날릴 만한 공간이 없다?**

A8 No (X)

시화, 양평 등 전국 각지에 총 29개소의 "초경량비행장치 비행구역"이 설정되어 있고, 그 안에서는 승인을 받지 않아도 자유롭게 비행할 수 있습니다. 참고로, 초경량비행장치 비행구역을 확대하기 위해 관계부처 간 협의를 활발히 진행하고 있습니다. 최근 국토부, 국방부, 동호단체 간 협의를 통해 수도권 내 4곳의 드론 비행장소를 운영하고 있으니 많은 이용 바랍니다.

Q9 **드론으로 사진촬영 하는 데도 허가가 필요한가요?**

A9 Yes (O)

항공사진 촬영 허가권자는 국방부 장관이며 국방정보본부 보안암호정책과에서 업무를 담당하고 있습니다. 촬영 7일 전에 국방부로 "항공사진촬영 허가신청서"를 전자문서(공공기관의 경우) 또는 팩스(일반업체의 경우)로 신청하면 촬영 목적과 보안상 위해성 여부 등을 검토 후 허가합니다.

※ 항공사진촬영 허가 신청은 원스톱 민원처리시스템(www.onestop.go.kr/drone)에 접속하여 회원가입 후 신청 가능합니다.(허가기관 연락처도 확인 가능)

※ 공공기관, 신문방송사 사용 목적인 경우, 대행업체(촬영업체 등)가 아닌 직접 신청만 가능합니다.

※ 일반업체의 경우 원 발주처의 신청을 원칙으로 하되, 촬영업체가 신청하는 경우 계약서 등을 첨부하면 됩니다.

Q10 **항공촬영 허가를 받으면 비행승인을 받지 않아도 됩니까?**

A10 No (X)

항공촬영 허가와 비행승인은 별도입니다. 항공사진 촬영 목적으로 드론을 날리려면 먼저 국방부로부터 항공사진 촬영 허가를 받고, 이를 첨부하여 공역별 관할기관에 비행승인을 신청해야 합니다.

+ 플러스 Tip

① 최대이륙중량과 관계없이 자체중량 12kg을 초과하는 비사업용 및 모든 사업용의 경우 장치신고가 필요합니다.
② 자체중량이 12kg을 초과하는 사업용의 경우 조종자 증명 취득서가 필요합니다.

: 정리 :

〈 조종자 준수사항 (항공안전법 제129조, 시행규칙 제310조) 〉

△ 비행금지 시간대 : 야간비행(야간 : 일몰 후부터 일출 전까지)

△ 비행금지 장소

(1) 비행장으로부터 반경 9.3 km 이내인 곳

　　→ "관제권"이라고 불리는 곳으로 이착륙하는 항공기와 충돌위험 있음

(2) 비행금지구역 (휴전선 인근, 서울도심 상공 일부)

　　→ 국방, 보안상의 이유로 비행이 금지된 곳

(3) 150m 이상의 고도

　　→ 항공기 비행항로가 설치된 공역임

(4) 인구밀집지역 또는 사람이 많이 모인 곳의 상공(예 : 스포츠 경기장, 각종 페스티벌 등 인파가 많이 모인 곳) - 위에 조종자 준수사항 참고

　　→ 기체가 떨어질 경우 인명피해 위험이 높음

비행금지 장소에서 비행하려는 경우 지방항공청 또는 국방부의 허가 필요(타 항공기 비행계획 등과 비교하여 가능할 경우에는 허가)

☞ 항공법에 규정된 비행 금지 구역🏞

1) 서울시 대부분 (서울 한강 이북지역, 휴전선)

2) 전국 비행장 반경 10km 이내

3) 모든 지역에서 150m 이상의 고도

4) 인구 밀집 지역 또는 사람 많이 모이는 상공

※ 단, 드론 산업의 확대로 법 개정이 계속되고 있습니다.

PART 02

드론(Dron)에 대한 기본적인 구조 및 기존 비행기와의 차이점을 알아봅니다.

또한 드론이 날수 있는 비행 원리에 대하여 알아봅니다.

드론과 비행기

❶ 회전익 항공기

가. 회전익 항공기는 회전하는 날개에 의하여 비행에 필요한 양력의 전부 또는 일부를 발생하게 합니다.

나. 수직으로 이륙과 착륙이 가능하여 좁은 공간에서 이륙과 착륙이 가능하며 공중에서 정지비행을 할 수 있습니다.

다. 고정익 항공기에 비해 상대적으로 급격한 선회가 쉽지만, 연료의 효율이 낮아 장기 체공은 제한적입니다.

❷ 고정익 항공기

가. 고정익 항공기는 항공기 동체에 날개가 고정되어 있는 것을 말합니다.

나. 연료의 소모가 회전익 항공기에 비해 상대적으로 적어 장기 체공이 가능하며 수직으로 이륙과 착륙이 불가능하여 활주로나 넓은 개활지가 필요합니다.

다. 고정익 항공기는 정지 비행이 불가능하고 이, 착륙 시 바람의 영향을 많이 받습니다.

쿼드콥터의 비행원리

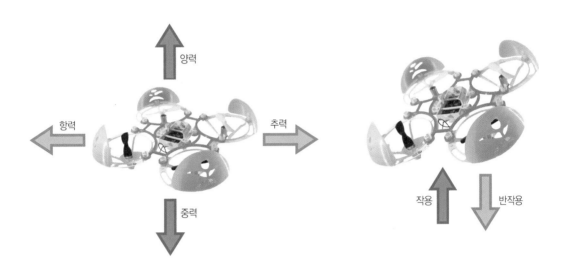

❶ 우리가 알고 있는 비행체는 짝수의 법칙으로 움직입니다. 쿼드콥터는 프로펠러의 회전에 의해 발생한 양력에 의해 비행하게 됩니다.

이때 발생한 양력이 중력보다 커야 상/하로 비행하게 되고, 항력보다는 추력이 커야 좌/우 방향으로 회전제어가 가능합니다.

❷ 뒤에서 배울 뉴턴의 제 3법칙인 작용-반작용에 의해 프로펠러 바람의 방향이 아래로 부는 작용에 의해서 위로 공기를 받쳐주는 힘 반작용에 의해 위로 뜨게 됩니다.

❸ 드론을 움직이기 위해서는 정-반의 물리적 힘에 의해 균형, 불균형 속에서 자유자재로 제어하게 됩니다.

❶ 상승

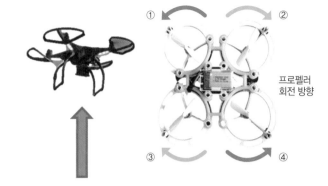

프로펠러
회전 방향

❷ 전진

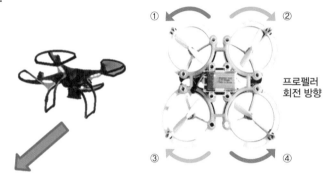

프로펠러
회전 방향

❸ 회전

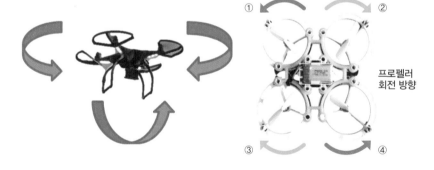

프로펠러
회전 방향

❹ 후진

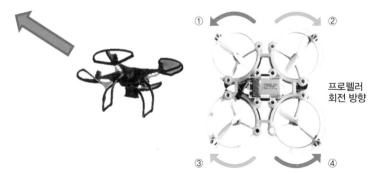

프로펠러
회전 방향

비행기의 비행원리

CHAPTER 03

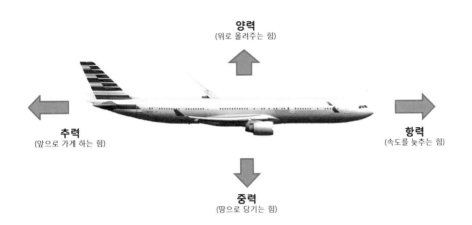

양력
(위로 올려주는 힘)

추력
(앞으로 가게 하는 힘)

항력
(속도를 늦추는 힘)

중력
(땅으로 당기는 힘)

❶ 중력(Weight)

비행기의 무게가 많이 나갈수록 많은 양력이 필요합니다.

그래서 비행기는 최대한 가볍게 제작되어야 합니다.

❷ 양력(Lift)

무게와 양력은 항상 반대적 성질을 나타냅니다.

양력이 좋을수록 더 많은 무게를 들어 올릴 수 있으므로 여객기나 수송기의 경우에는 날개를 상당히 크게 설계하여 양력이득을 최대로 얻을 수 있도록 합니다.

❸ 추력(Thrust)

비행기를 앞으로 나아가게 하는 힘이며 양력을 발생시키기 위해 필요한 힘입니다.

비행기를 움직이는 원동력이지만 추력이 반드시 높아야 할 필요는 없으나 터무니없이 낮아서도 안 됩니다.

일반적으로 여객기들에 비하여 전투기는 상당한 추력을 가지고 있으며 현대의 전투기들은 음속 이상의 속력을 냅니다.

❹ 항력(Drag)

추력과는 반대의 개념으로 공기의 마찰이라고 볼 수 있습니다.

공기의 마찰을 줄이기 위해 비행기는 유선형의 몸통을 가지고 있습니다.

1) 음속이란?

음속은 소리가 퍼져나가는 속력입니다.

가. 소리를 전파하는 매질에 따라 음속이 달라지며 일반적으로 공기 중의 속력을 뜻합니다.

나. 대기 온도에 따라 속력이 좌우되며 습도에 따른 영향은 적고 대기압에 따른 영향은 미치지 않습니다.

다. 고도가 높아질수록 소리의 속력은 떨어지는데, 이는 온도와 습도의 영향으로 공기의 온도가 높을 수록 음속은 낮아집니다.

2) 마하수(Mach number)란?

어떤 움직이는 물체의 속도를 음속으로 나눈 값입니다.

비행기의 경우 비행속도를 음속으로 나누어 마하수를 구할 수 있습니다.

3) 마하수(Mach number)의 분류

가. 아음속 영역 : 일반적인 여객기의 속도입니다.(마하수의 크기 M 〈 0.8)

나. 천음속 영역 : 물체 표면에 부분적으로 충격파가 발생하며 이 영역은 아음속과 초음속의 특성이 혼재되어 있는 영역입니다.(마하수 크기 0.8 〈 M 〈1.2)

다. 초음속 영역 : 전투기, 콩코드 여객기의 속도로 물체 앞에서 공기의 압력과 밀도가 급격히 변화하는 지점이 발생하는 데 이것을 충격파라고 부릅니다.(마하수 크기 1 〈 M 〈 5)

라. 극초음속 영역 : 램제트엔진, 세이버엔진의 속도로 충격파뿐만 아니라 유체의 점성에 의한 공력가열 현상으로 화학반응이 일어나기 시작합니다.(마하수 크기 5 〈 M)

4) 비행기의 이륙

비행기는 추력을 발생시키기 위해 활주로를 이용합니다.

가. 비행기가 빠른 속도로 활주로에서 질주하면 가속력이 붙어 바람은 더욱 세차게 날개에 부딪혀 양력을 발생시킵니다.

나. 중력보다 양력이 커질 때 비행기는 이륙합니다.

5) 비행기의 착륙

비행기가 착륙을 할 때에는 안전한 착륙을 위하여 속도를 낮추어야 합니다.

가. 그러기 위해선 항력을 이용하기 위해 비행기 가속을 점점 줄이면서 양력보다 중력을 더 받도록 합니다.

나. 중력이 증가함에 따라 비행기는 점점 아래로 내려가 착륙하게 됩니다.

다. 따라서 양력을 완전히 제거하기 위해 날개 중앙부분을 완전히 열어젖힙니다.

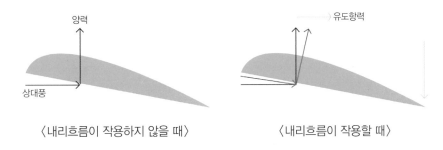

〈내리흐름이 작용하지 않을 때〉　　　　〈내리흐름이 작용할 때〉

6) 유도항력(Induced drag)이란?

날개가 양력을 발생시킬 때 공기가 편향되어 발생하는 내리흐름 영향에 의하여 발생하는 항력이다.

가. 유도항력은 날개의 양력발생에 따라 생기는 항력이며, 내리흐름의 영향으로 발생하는 항력을 말합니다.

나. 내리흐름은 날개 윗면과 아랫면의 압력차에 의해서 날개 끝에서 와류가 발생하여 날개 뒷전 부분에 흐름을 아래로 내리게 되어 발생합니다.

다. 뒷부분의 공기 흐름만 영향을 미치는 것이 아니라 앞부분의 공기 흐름도 바꾸게 됩니다.

라. 내리흐름이 작용하면 앞쪽에서 불어오는 상대풍과 시위선의 각도가 작아져 양력이 발생하는 힘이 뒤로 밀려나 유도항력으로 작용하게 됩니다.

7) 항력을 방해하는 경우

마찰력은 물질이 다른 물질에 맞닿은 채 미끄러져 움직이거나 움직이려고 할 때 이를 방해하는 힘입니다.

가. 물질을 움직이게 하는 힘과 반대 방향이며 물질이 움직이는 평면과 평행한 방향으로 작용합니다.

나. 비행기의 날개 표면이 매끄러운 상태일 때와 거칠게 되어있는 상태 중에선 날개의 표면이 거칠 때 마찰이 더 크게 작용합니다.

다. 이렇게 비행기의 표면에 마찰이 작용하여 비행기의 속도를 떨어뜨리는 항력이 마찰항력입니다.

항공의 조건

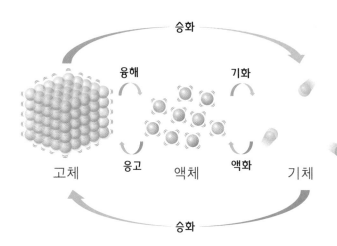

1) 유체

❶ 유체란 무엇인가?

유체는 액체와 기체를 합쳐 부르는 용어입니다. 변형이 쉽고 흐르는 성질을 갖고 있으며 형상이 정해 져있지 않은 특징을 가지고 있습니다.

❷ 유체의 분류

가. 압축성 고려 유무에 따라

· 압축성 유체 : 압축이 되는 유체, 압력에 따라 부피, 온도, 밀도 등이 변하는 유체를 뜻하며 일반적으로 기체입니다.

· 비압축성 유체 : 압축이 되지 않는 유체이며 일반적으로 액체입니다.

나. 점성 고려 유무에 따라

· 점성은 유체의 끈끈한 정도를 말하며 형태가 변화할 때 나타나는 유체의 저항 또는 서로 붙어 있는 부분이 떨어지지 않으려는 성질을 말합니다.

· 점성 유체 : 실제 유체

· 비점성 유체 : 유체의 해석을 단순화하기 위해 점성이 없다고 가정한 유체

❸ 유체의 속도에 따른 변화

가. 층류란?

　유체가 평행한 층을 이루어 흐르며, 규칙적으로 일정하게 흐르는 것입니다.

나. 난류란?

　유체의 각 부분이 시간적이나 공간적으로 불규칙한 운동을 하며 흘러가는 것을 말하며 난류는 층류에 비해 물체에 대한 저항이 큽니다.

2) 공기 흐름

❶ 날개 윗면과 아랫면의 공기흐름

날개 윗면의 공기 흐름은 아랫면의 공기 흐름보다 빠릅니다.

가. 윗면의 공기의 흐름이 빨라지면서 압력은 낮아지게 되고 아랫면의 공기 흐름은 느려 압력이 높아지게 됩니다.

나. 아랫면의 압력이 윗면보다 높기 때문에 위쪽으로 압력이 작용하게 되어 양력이 발생하게 됩니다.

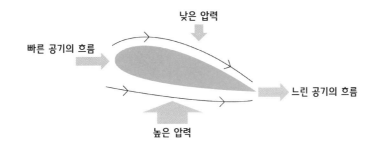

낮은 압력

빠른 공기의 흐름

느린 공기의 흐름

높은 압력

❷ 실속(Stall)이란?

실속은 비행기가 속도를 잃어버린다는 뜻입니다.

가. 속도를 잃으면 날개에 공기 흐름이 사라지게 되면서 양력이 발생하지 않아 추락하게 됩니다.

나. 실속은 받음각이 너무 커졌을 때 발생합니다.

다. 추력이 충분하지 못해 받음각이 너무 커져 날개 표면에 공기의 흐름이 떨어지게 되는 것이며 이를 '박리현상'이라고 합니다.

라. 박리현상이 너무 커지면 실속으로 이어지게 됩니다.

❸ 받음각에 따른 공기흐름의 변화

〈받음각이 적을 때〉　　　　〈받음각이 클 때〉　　　　〈받음각이 커져 실속 상태일 때〉

3) 베르누이 원리

❶ 베르누이의 원리

공기나 물처럼 흐를 수 있는 기체나 액체는 빠르게 흐르면 압력이 감소하고, 느리게 흐르면 압력이 증가한다는 법칙입니다. 즉 유체의 속도가 빨라지면 압력이 낮아지고, 속도가 느리면 압력이 높아진다는 원리입니다.

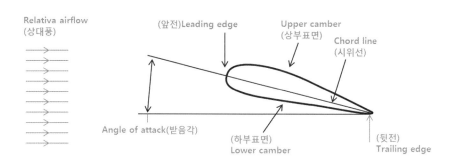

시위선 및 받음각

❷ 받음각(Angle of attack)이란?

받음각은 상대풍과 시위선이 이루는 각입니다.

가. 받음각은 수평으로 비행할 때 시위선과 수평선이 이루는 각이 아니라 시위선과 불어오는 바람의 방향이 이루는 각입니다.

나. 공기의 흐름이 수직으로 서 있는 판에 부딪힐 때 공기의 속도는 0이 되면서 압력으로 작용하여 판을 진행 방향으로 밀어내는 효과를 냅니다.

다. 판을 경사지게 하면 경사면의 직각으로 공기력이 발생하게 되고 진행 방향으로 항력, 수직 방향으로 양력이 발생하게 됩니다.

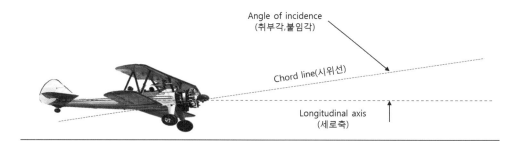

❸ 붙임각(Incidence angle)이란?

동체의 기준선인 세로축선과 시위선이 이루는 각을 뜻합니다.

❹ 후퇴각(Sweep back angle)

날개가 뒤로 젖혀진 각을 가진 날개의 형태로 날개의 길이 방향으로 변하는 시위 길이의 25% 위치를 연결한 선과 날개의 가로방향과 이루는 각입니다. 주로 고속 항공기에 많이 사용되며 항력 감소에 유리합니다.

관성

4) 운동 법칙

❶ 관성의 법칙

뉴턴의 첫 번째 운동법칙 관성의 법칙은 "외부의 힘이 가해지지 않으면 물체는 일정한 속도로 움직인다"로 정의됩니다.

가. 정지한 물체는 계속 정지한 상태로 있으려고 하며, 운동하고 있던 물체는 등속 직선운동을 하려고 합니다.

나. 예를 들면 도로를 달리던 버스가 급정거하면 앞으로 넘어지거나 브레이크를 급히 밟아도 차가 앞으로 밀리는 경우, 트럭이 급커브를 돌면 가득 실은 짐들이 도로로 쏟아지는 경우가 있습니다.

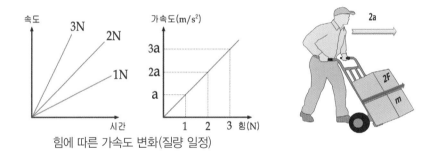

힘에 따른 가속도 변화(질량 일정)

❷ 질량 가속도의 법칙

가속도란 시간에 따른 속도의 순간적인 변화량입니다.

가. 운동의 변화는 가해진 힘에 비례하며 힘이 가해진 직선 방향으로 일어납니다.

나. 운동의 변화는 운동 상태의 변화를 말하며 뉴턴이 생각했던 운동 상태 물리량으로 표현됩니다. 운동량은 입자의 질량과 속도의 곱으로 주어집니다.

F(힘) = m(질량) x a(가속도)

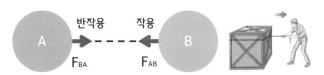

❸ 작용—반작용의 법칙

어떤 물체에 힘이 작용할 때 두 물체 간의 상호작용으로 항상 물체에 쌍으로 힘이 나타나는데 이것을 작용과 반작용이라고 합니다. 두 물체의 힘의 방향은 반대이며 힘의 크기는 같습니다.

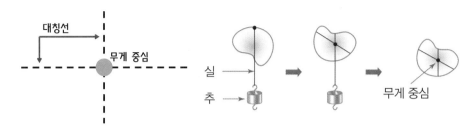

5) 무게 중심

❶ 무게 중심이란?

무게 중심은 물체를 어떤 곳에 매달거나 받쳤을 때 수평으로 이루는 점을 말하며 양쪽의 무게가 같아지는 지점이라기보다는 양쪽이 균형을 이루는 점이 더 정확한 표현입니다. 그리고 물체의 무게 중심을 지나는 직선을 받침대로 받치면 물체는 수평이 됩니다.

❷ 비행기의 무게 중심

비행기가 수평으로 비행하기 위해서는 무게 중심뿐만 아니라 공력 중심도 같이 생각하여야 합니다.

〈그림 1〉같은 경우 무게 중심이 공력 중심보다 앞에 있는 경우입니다. 이러한 경우에는 비행기의 머리 부분이 아래쪽으로 내려가는 현상이 생겨 계속 승강타를 올리며 비행하는 현상이 나타나게 됩니다.

〈그림 2〉의 경우 무게 중심이 공력 중심보다 뒤에 있는 경우입니다. 이러한 경우에는 비행기의 머리 부분이 위쪽으로 올라가는 현상이 생겨 계속 승강타를 내리면서 비행하는 현상이 나타나게 됩니다

〈그림 3〉의 경우 무게 중심이 공력 중심보다 조금 앞에 있는 경우입니다. 이러한 경우에는 비행기 머리 부분이 조금 아래쪽으로 내려가는 현상이 생기나 승강타를 조금만 올려도 수평 비행이 가능하여 공기 저항을 줄여 연료를 절감시킬 수 있습니다.

❸ 공력 중심(Aerodynamic Center)

에어포일의 받음각이 변하고 피칭 모멘트 값이 변하여
도 변하지 않는 기준점을 공력 중심이라 하며 x_ac로
표기합니다.

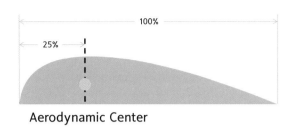

Aerodynamic Center

가. 대칭 에어포일의 공력 중심은 머리 끝부분부터 시위 길이 25%(c/4)인 점이 됩니다.

나. 비행기 날개에서 공력 중심은 받음각과 속도 변화에 관계가 없으며 에어포일의 고유 위치에 존재합니다.

+ 플러스 Tip

- 에어포일 : 날개골이라고도 함 비행기 날개의 단면 모양
- 피칭 모멘트 : 비행체에 작용하는 외력에 의한 모멘트 중 좌우 축 주위의 회전을 일으키는 모멘트

❹ 날개 모양에 따른 무게 중심의 위치

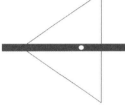

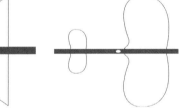

가. 직선 날개

날개 시위선을 기준
으로 30~50% 사이
에 무게 중심 위치

나. 후퇴형 날개

날개 시위선을 기준으
로 50~70% 사이에 무
게 중심 위치

다. 델타형 날개

날개 시위선을 기준으
로 50~70% 사이에 무
게 중심 위치

라. 카나드형 날개

카나드 날개와 주날개
사이에 무게 중심위치,
대부분 주날개 전방
10% 부분에 위치

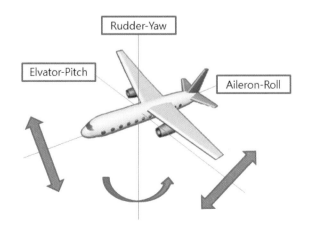

가. Roll 축 : 항공기의 양쪽 날개에 있는
Aileron을 통하여 제어합니다.

나. Pitch 축 : 항공기의 미익에 있는 Elvator를
조종하여 Pitch 제어를 합니다.

다. Yaw 축 : 수직미익에 있는 Rudder를 조종
하여 제어합니다.

J드론
조립하기

PART 03

코딩드론의 대한 기본적인 조립의 이해로 드론의 비행원리를 알아보며 드론을 활용하여 직접
다양한 비행술을 익혀 봅니다.

J드론 조립

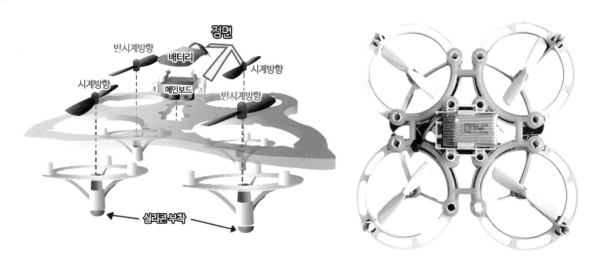

❶ 자신만의 디자인을 제작하여 드론 구조를 이해합니다.

템플릿 폼보드
(1장)

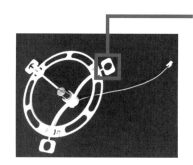

모터 & 홀더
(4세트)

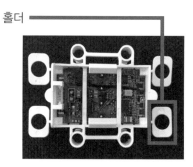

메인보드 & 홀더
(1세트)

실리콘(1세트)

프로펠러(1세트)

배터리 & 충전기(1세트)

❷ 드론 바디 만들기

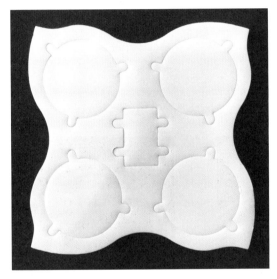

〈템플릿 폼보드 확인〉

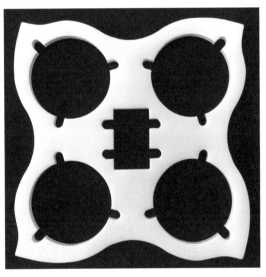

〈폼보드 구멍 뚫기〉

❸ 메인보드 조립

〈템플릿 폼보드 확인〉

메인보드 가장자리에 연결된
홀더를 돌려서 떼어낸다.

〈메인 보드 체결〉

베터리 커넥터쪽이 드론의 앞
방향에 위치시키고 구멍에 끼
운다. 홀더를 기둥에 꽂아 고
정시킨다.

+ 플러스 Tip

배터리 충전 시 꼭 PC에 있는 USB
충전기를 사용해야 합니다.
전원콘센트에 바로 충전하면 배터리
충전과다로 폭발할 수도 있습니다.
절대 밤에 끼우고 퇴근하면 안됩니다.

+ 플러스 Tip

홀더 분실 주의

❹ 모터 케이블 정리

〈케이블 고정하기〉
모터 홀더 끝자락 케이블 홈에 힘주어 당기면서 꽂는다.

〈케이블 끼우기〉
케이블 홈에 케이블을 손톱으로 누르면서 깊숙히 끼운다.

〈케이블 정리하기〉
케이블이 빠지지 않도록 끝부분 고정 후 홀더에 끼운다.

❺ 프로펠러 조립(프로펠러 4개를 동일하게 조립한다.)

〈프로펠러 방향 확인〉

〈프로펠러 꽂기〉
그림처럼 모터에 프로펠러를 적당한 힘을 주어 꽂는다.

〈실리콘 부착〉
고무발을 모터 홀더 밑 부분에 장착한다.

+ 플러스 Tip

템플릿 폼포드는 내구성이 약합니다. 사용도중 파손이 되면 폼포를 구매하여 적당한 균형을 맞추어 더 본인 생각대로 제작 사용할 수 있습니다.
ex) 나비 UFO 등으로 만들어 볼 수 있다.

프로펠러 방향 확인하는 방법

프로펠러를 꽂은 모터에 정방향으로 바람
을 불어본다.

프로펠러가 돌아가는 방향을 확인해본다.

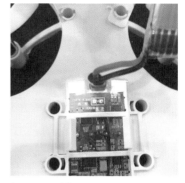

〈배터리 연결〉
배터리 케이블 커넥터에 연결한다.

❻ 모터 조립(모터 4개를 동일하게 조립한다.)

〈배터리 삽입〉

배터리를 홀더에 끼우면 LED
가 깜박거린다.

〈모터 위치확인〉

LED불빛이 나오는 방향을
위쪽으로 둔다.

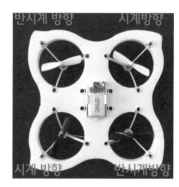

〈모터 결합〉

그 상태에서 모터 홀더를 떼
고 보기와 같이 모터를 결합
한다.

+ 플러스 Tip

① 배터리와 모터는 소모품입니다. 처음 배터리 완충 시 7분 정도의 운영이 가능하지만, 사용할수록 배터리의 성능이 떨어집니다.
② 드론의 비행이 처음에는 잘 되다가 드론이 날지 못하면 모터에도 점검이 필요합니다. 먼지, 머리카락 등의 이물질이 있을 수 있습니다.

❼ 모터&메인보드 연결

〈조립 완료〉

메인보드와 모터 케이블을 연결한 후 홀더도
체결한다.

폼보드에 자신만의 디자인을 해보세요.

MEMO

드론 비행 준비하기

J 드론은 휴대폰, 코딩보드(조정기), 컴퓨터로 비행, 조종, 제어가 가능합니다.

1 코딩보드 각부명칭과 기능

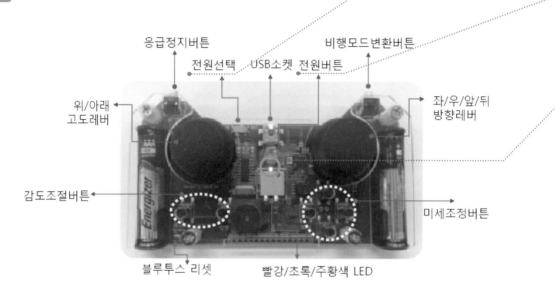

전원	BAT 모드 : 전원 ON/OFF, UBS모드 : 노트북과 연결된 상태에서 ON/OFF
LED 지시등	오렌지색(전문가 모드), 초록색(교육용 모드), 빨간색(공기계/연결 완료)
비행모드 변환	3초간 누름 전문가 모드(초음파미사용) 〈-〉 교육용 모드(초음파사용)
응급정지 버튼	비행 중에 응급 시 짧게 누르면 정지한다.
쓰로틀	드론의 고도를 조종한다. 비행 전에는 맨 아래에 위치시킨다.
방향 레버	드론 앞/뒤/왼쪽/오른쪽 방향을 조절한다.
감도조절 버튼	비행 반응 정도 설정한다.(왼쪽(더 둔감하게), 오른쪽(더 예민하게))
미세조정 버튼	드론 비행 시의 호버링을 조절한다. 예를 들어 앞으로 쏠릴 때는 아래 버튼(뒤쪽버튼)으로 보정

2 전원 공급

❶ 전원선택 스위치(왼쪽 조이스틱 기준 오른쪽상단)를 BAT로 선택한다.
  - USB : USB 케이블 연결할 경우
  - BAT : 배터리를 사용할 경우
❷ 전원 버튼(정중앙 노란색 버튼)을 누른다.
❸ 빨간색 LED가 깜박거린다.
  - 1초에 5회 깜박일 경우 : 연결할 JDKit 정보가 없다.(초기화 상태)
  - 1초에 1회 깜박일 경우 : 연결할 JDKit 정보가 있다.
  만약 1초에 1회 깜박일 경우 블루투스 리셋 버튼을 3초간 눌러 초기화 상태로 만든다.
❹ J드론의 배터리를 연결한다(연결부위를 끝까지 끼워 넣는다).
❺ 코딩보드에서 연결음이 나오는지 확인한다.

3 비행 준비하기

비행하기 전 아래의 체크 사항을 반드시 점검한다.

❶ 드론을 땅바닥에 놓아 수평이 되게 만들어 준다. 수평이 되지 않으면 드론은 비행할 수 없다.(조건1)

❷ 왼쪽 조이스틱(스로틀)을 아래로 끝까지 내려준다. 스로틀이 아래쪽으로 끝까지 내려가 있지 않으면(고도 0) 드론은 비행할 수 없다.(조건2)
  이 두 가지 조건이 만족된다면 초록색 LED 혹은 주황색 LED만 지속적으로 점등되어있다.

❸ 초록색 LED(교육용 모드)가 점등되어있는지 확인한다. 만약 주황색으로 점등되어있다면(전문가 모드) 왼쪽상단 비행모드 변환 버튼을 3초간 눌러 초록색 LED가 지속적으로 점등되어있도록 비행 모드를 변경하여준다.

❹ 응급정지 버튼 위치를 제대로 확인한다. 왼쪽 검지가 항상 비상정지 버튼에 있도록 신경 써준다(연습삼아 왼쪽상단 응급정지 버튼을 왼손 검지 손가락으로 몇 번 눌러 보아도 좋다).

CHAPTER 03

전문가 모드 & 교육용 모드

〈전문가 모드〉

A 모드

- 빨간색 & 주황색 LED
- 거리측정 센서 사용 안함
- 자동 높이 조절 안함

〈교육용 모드〉

R 모드

- 초록색 LED
- 거리측정 센서 사용
- 40~150cm 자동 높이 조절

+ 플러스 Tip

기본적으로 교육용 모드 제공

CHAPTER 04

드론비행준비조건 2가지

쓰로틀을 맨 아래로 기울이기

제이드론 키트 수평으로 놓기

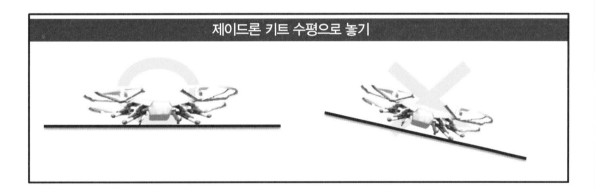

LED 지시등 확인하기

주황색과 초록색 LED가 번갈아 깜박일 때 드론 수평과 쓰로틀을 확인한다.

CHAPTER 05 드론비행연습

❶ 쓰로틀(throttle) 조절하기

쓰로틀을 이용하여 드론을 수직 상승하면서 높낮이를 조정해 본다.

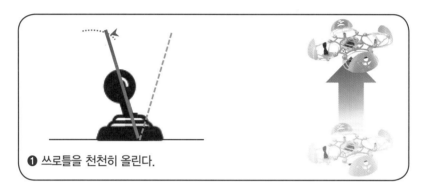

❶ 쓰로틀을 천천히 올린다.

❷ 쓰로틀(throttle)조절 + 방향제어하기

높낮이 조정과 방향 제어를 동시에 조정해 본다.

쓰로틀을 위아래로 움직이면서 높낮이를 조정한다.
방향 레버로 왼/오른/앞/뒤로 조정한다.

안전을 위해서 응급 정지는 반드시 숙지하세요.

1. 드론 옆에 사람이 옆에 있을 경우.
2. 장애물(책상)이 있을 경우
3. 드론이 원하는 데로 조정이 안될 경우

❸ 목표지점에 드론 착지하기

미션 ≫ 목적지에 착지한다.

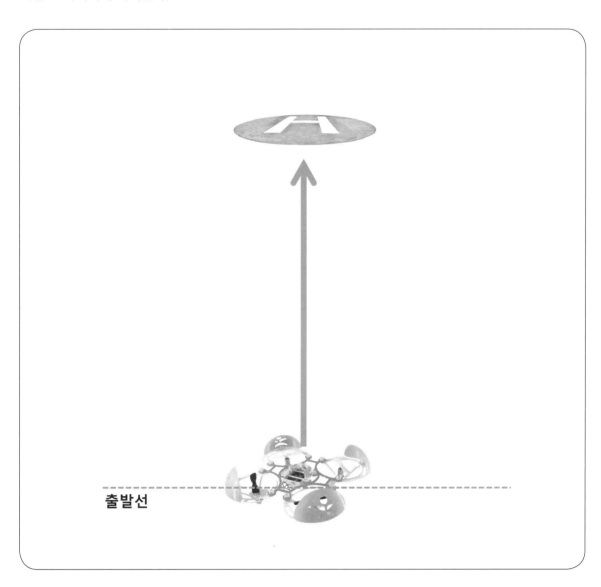

출발선

학생명			
비행시간(초)			
정확도			
안정성			

목표지점 2곳을 터치, 회전미션 수행 후 돌아오기

미션 ≫ 1. 출발선에서 출발한다.

　　　2. 깃발을 한 바퀴 돌아서 목적지(1) 터치 후 목적지(2)를 터치한다.

　　　3. 출발선 안으로 들어온다.

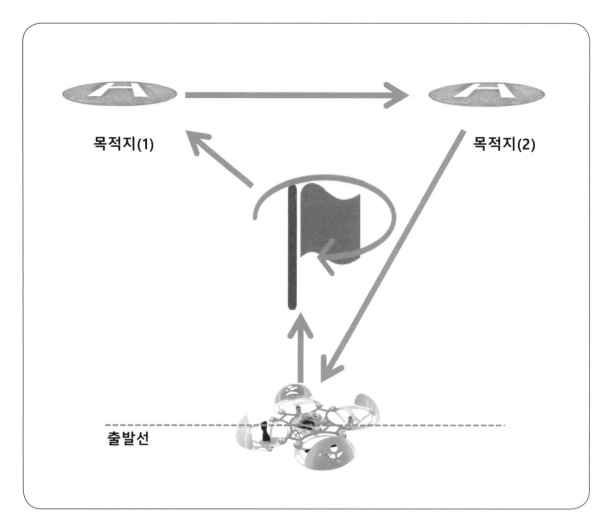

학생명					
비행시간(초)					
정확도					
안정성					

MEMO

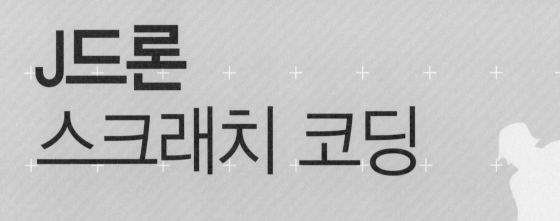

J드론
스크래치 코딩

PART 04

기존 드론이 기본적인 소종술에 의지하여 비행을 하였지만 평창올림픽에서 선보인 프로그래밍에 제어하는 드론처럼 스크래치를 활용하여 만들어보는 드론에 대하여 알아봅니다. 학생들이 직접 코딩하여 드론을 제어하는 소프트웨어적인 드론입니다.

코딩드론 준비하기

CHAPTER 01

[학습 목표]

• J드론 펌웨어 버전을 확인하고 스크래치를 설치할 수 있다. 스크래치 코딩을 드론과 무선 조정기에 접목할 수 있다.

1 코딩보드 연결하기

전원 공급

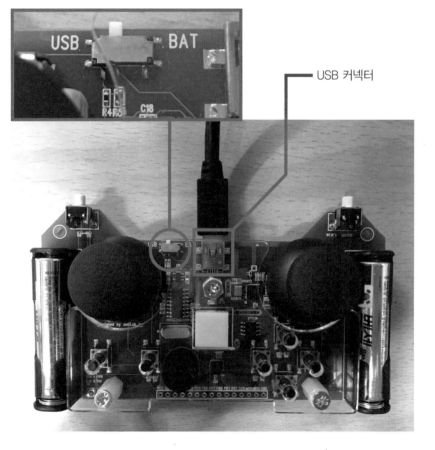

USB 커넥터

① 전원을 BAT 모드로 작동한 후 드론과 연결합니다.

② 전원을 USB로 전환시키고 USB 케이블을 커넥터에 연결합니다.

③ 컴퓨터와 연결이 되면 코딩 보드의 LED등을 확인합니다.

　(컴퓨터와 연결된 상태에서 노란색 전원 버튼을 눌러야 전원이 들어옵니다.

2 USB 드라이버 설치 여부 확인

① 내컴퓨터 → 속성 → 장치 관리자를 실행

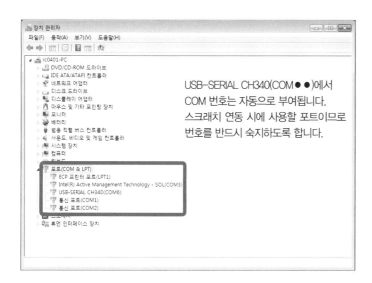

USB-SERIAL CH340(COM● ●)에서
COM 번호는 자동으로 부여됩니다.
스크래치 연동 시에 사용할 포트이므로
번호를 반드시 숙지하도록 합니다.

+ 플러스 Tip

그림과 같이 'USB-SERIAL CH340'이 없을 경우
드라이버를 설치해야 합니다.

3 USB 드라이버 설치하기

01 3D지니램프 카페에 접속합니다. http://cafe.naver.com/incom2794 접속하여 가입 후 왼쪽의 게시판 카테고리에서 '3D드론활용교육자료'를 클릭합니다.

02 'JDrone 스크래치 코딩 드론 소프트웨어' 게시글에서 첨부파일을 클릭하여 프로그램을 다운 받습니다.

03 다운로드된 창이 열리면 '압축풀기'를 클릭하고 압축 풀 위치를 바탕화면으로 선택한 후 확인 버튼을 클릭합니다.

04 압축을 푼 폴더가 열리면 'USB Driver' 폴더의 'SETUP' 파일을 더블클릭합니다.

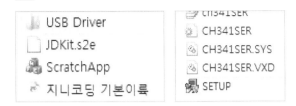

05 'INSTALL' 버튼을 눌러 실행합니다.

06 위와 같은 메시지가 뜨면 설치가 완료된 것입니다.
    USB 드라이버 설치는 초기에 한 번 하면 지속적으로 이용할 수 있습니다.

+ 플러스 Tip

코딩드론을 접수하여 재사용이 안 된다면 컴퓨터와 모든 기기를 재부팅 후 다시 해 보면 90% 사용이 됩니다.

4 코딩드론 연결된 스크래치

01 'ScratchApp'을 실행하여 COM 포트를 연결합니다. 스크래치를 실행하기 위해선 반드시 'Scratch App'을 연결해야 하며 X를 눌러 창을 끄면 연결이 해제되므로 주의합니다.

+ 플러스 Tip

COM포트 연결이 되지 않을 시
① 컴퓨터를 재부팅 한다.
② USB 포트를 바꾼다.
③ USB 선을 교체한다.

02 스크래치를 실행하여 'Shift' 버튼을 누른 상태에서 [파일] 메뉴를 클릭하고 'JDKit.s2e' 파일을 선택합니다.

03 ③'JDKit.s2e' 파일을 열면 [추가 블록]에서 JDKit에서 정의한 블록을 확인할 수 있습니다. 'ScratchApp' 설치와 'http확장기능 불러오기는' 프로그램을 이용할 때마다 해야 하는 작업입니다.

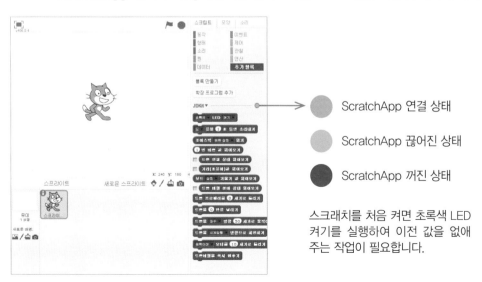

ScratchApp 연결 상태

ScratchApp 끊어진 상태

ScratchApp 꺼진 상태

스크래치를 처음 켜면 초록색 LED 켜기를 실행하여 이전 값을 없애 주는 작업이 필요합니다.

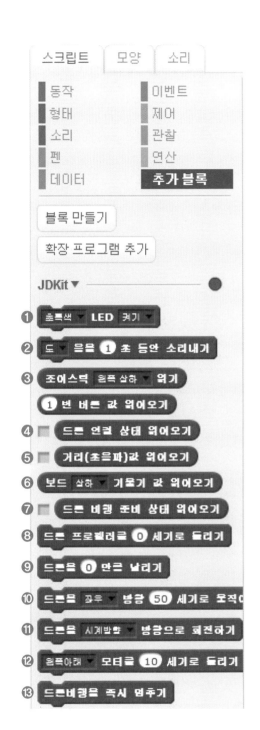

❶ 코딩보드 LED 초록색과 오렌지색을 켜고 끈다.

❷ 코딩보드 스피커에서 정해진 계이름을 연주한다.

❸ 조이스틱 위치에 따라 변수를 나타낸다.

　왼쪽상하(0~200)왼쪽좌우, 오른쪽상하, 오른쪽좌우
　(−100~100)

❹ 드론 연결 시 1, 해제되면 0이다.

❺ 초음파센서로부터 장애물이 가까워질수록 0에 가까워
　지며 멀어질수록 숫자가 올라가며 최대 30까지 올라
　간다.

❻ 메인보드의 기울기에 따라 변수가 바뀐다.(−100~100)

❼ 준비 완료가 되면 1, 준비가 되지 않으면 0이다.

❽ 프로펠러가 회전하는 힘으로 초음파 센서가 작동하지
　않는다. 0~200까지 설정할 수 있다.(전문가모드)

❾ 프로펠러가 회전하는 힘으로 초음파 센서가 작동하는
　비행 코딩블록이다.(교육용 모드)

❿ 드론 비행 시에 앞, 뒤, 좌, 우 방향과 힘을 결정한다.

⓫ 드론 비행 시에 시계방향, 반시계방향으로 회전한다.

⓬ 10~100까지의 세기로 설정할 수 있다.

⓭ 스마트폰 어플에서의 응급 정지와 같은 기능이다.

CHAPTER
02

코딩드론 시작하기

[학습 목표]

• 기초적인 스크래치 사용방법과 무선 조종기를 이용한 프로그래밍 방법 사례를 통해 학습하고 프로그램 언어의 논리 체계를 이해할 수 있다.

1 스크래치 이해하기

1) 스크래치 기본 이해하기

코딩보드를 이용하여 스크래치를 이해합니다. 코딩보드를 이용하여 [데이터], [제어], [연산] 코딩에 대하여 알아보고 [동작], [이벤트]를 이용하여 더욱 풍부한 코딩을 알아봅시다.

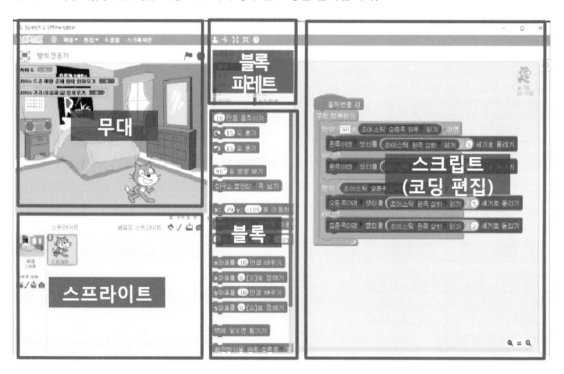

❶ 무대(코딩 실행창)

프로그램 실행 창으로 편집한 코딩에 의해 스프라이트가 활동하는 무대입니다.

❷ 스프라이트(액세서리 선택)

프로그램에서 실행할 캐릭터, 사진, 배경, 툴 등을 선택하여 무대를 꾸밉니다.

❸ 블록파레트

컴퓨터에게 전달할 명령과 조립, 실행하는 기능창입니다. 팔레트 종류를 선택하면 지원

되는 블록(기능)이 나타납니다.

❹ 스크립트(코딩 편집)

블록화된 기능을 선택하여 논리적 연산을 통해 순차적으로 블록 코딩합니다.

코딩보드를 이용하여 스크래치를 이해합니다.

코딩보드를 이용하여 [데이터], [제어], [연산] 코딩에 대하여 알아보고 [동작], [이벤트]를 이용하여 더욱 풍부
한 코딩을 알아봅시다.

2) 데이터

데이터는 스크래치 프로젝트에서 사용할 값(데이터)을 저장하는 공간을 말합니다. 데이터를 저장하는 방법에
는 하나의 값을 저장하는 변수, 여러 개의 값을 관리, 저장할 수 있는 리스트가 있습니다.

❶ [데이터] 탭을 클릭하여 변수 만들기를 클릭합니다. 새로운 변수 창에서 변수 이름에 '롤'과 '피치'를 각각
  입력하여 2가지 변수를 만듭니다.

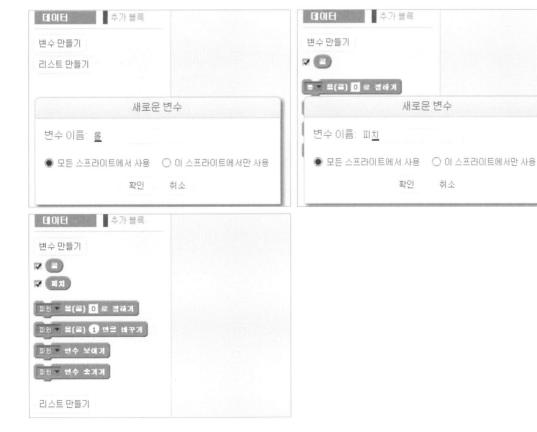

❷ `피치 ▼ 을(를) 0 로 정하기` 블록을 2개 끌어와서 스크립트 영역에 놓고 풀다운 메뉴를 이용하여 '롤', '피치'로 나타냅니다.

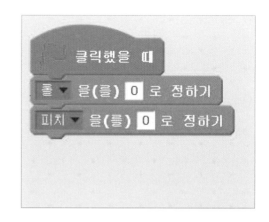

❸ [추가 블록] 탭에서 `조이스틱 왼쪽 상하 ▼ 읽기` 블록을 2개 끌어와서 스크립트 영역에 놓고 풀다운 메뉴를 이용하여 '롤', '피치'로 나타냅니다.

❹ 풀다운 메뉴를 이용해 '오른쪽 상하', '오른쪽 좌우'로 각각 변경합니다.

❺ [제어] 탭에서  블록을 4개 끌어와 스크립트 영역에 놓습니다.

❻ 보기와 같이 코딩블록을 배열합니다.

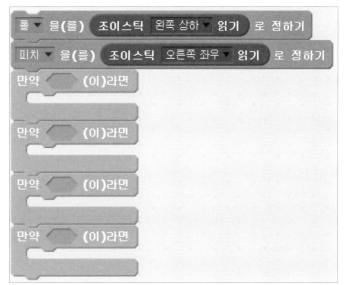

3) 제어

제어는 프로그램이 동작하는 흐름을 제어하는 것으로 프로그램에서 가장 중요한 반복과 조건에 따른 선택 기능을 포함합니다. 예를 들어, 고양이(스프라이트)를 계속 움직이게 하거나 부딪혔을 때 멈추게 하는 기능을 말합니다.

❶ 주어진 시간만큼 실행이 일시 정지된다.

❷ 블록의 안쪽에 위치하는 블록들을 10번 반복해서 실행한다.

❸ 블록의 안쪽에 위치하는 블록들을 무한 반복해서 실행한다.

❹ 조건에 맞으면 블록 안쪽에 위치하는 블록들을 실행한다.

❺ 만약 ~라면 주어진 조건에 맞으면(참) 첫 번째 블록의 안쪽에 위치하는 블록들을 실행하고, 조건에 맞지 않으면(거짓) 두 번째 홈의 블록들을 실행한다.

❻ 주어진 조건이 참이 될 때까지 기다린다.

❼ 주어진 조건이 참이 될 때까지 반복한다.

❽ 선택한 스크립트 멈추기, 모두 멈추기를 실행하면 프로그램이 종료된다.

❾ 만약 이 스프라이트가 복제되었다면 밑에 블록들을 실행한다.

❿ 선택한 스프라이트를 복제시킨다.

⓫ 복제된 자신을 삭제시킨다.

❶ 스크립트 영역에서 [동작] 탭을 클릭합니다.

❷ [동작] 탭에서  x좌표를 10 만큼 바꾸기 와
y좌표를 10 만큼 바꾸기 블록을 스크립트
영역으로 가져와 그림과 같이 배열합니
다. 이때 변수도 그림과 같이 바꿔줍니다.

❸ 스크립트에서 [연산] 탭을 클릭합니다.

4) 연산

연산은 사칙연산(+, −, ×, ÷), 비교연산 (〈, 〉, =)을 기본으로 문자열 조합, 난수 발생, 수학 함수 사용까지 가능합니다. 제이디 키트는 기본적인 연산과 비교문을 통해 논리 제어합니다.

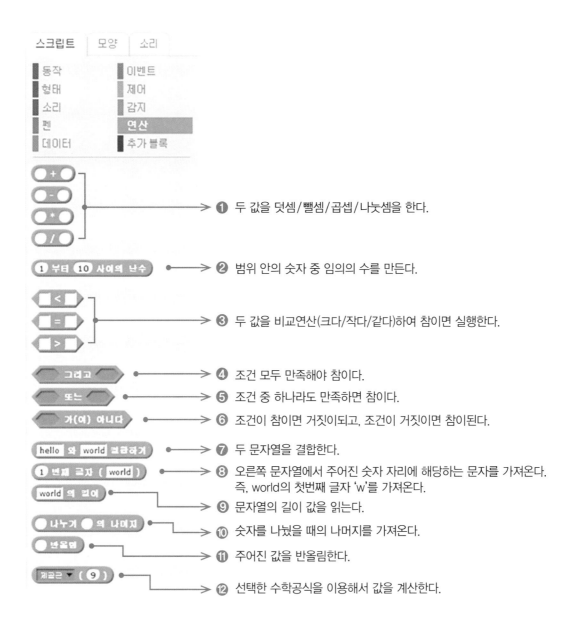

❶ 두 값을 덧셈/뺄셈/곱셈/나눗셈을 한다.

❷ 범위 안의 숫자 중 임의의 수를 만든다.

❸ 두 값을 비교연산(크다/작다/같다)하여 참이면 실행한다.

❹ 조건 모두 만족해야 참이다.

❺ 조건 중 하나라도 만족하면 참이다.

❻ 조건이 참이면 거짓이되고, 조건이 거짓이면 참이된다.

❼ 두 문자열을 결합한다.

❽ 오른쪽 문자열에서 주어진 숫자 자리에 해당하는 문자를 가져온다.
즉, world의 첫번째 글자 'w'를 가져온다.

❾ 문자열의 길이 값을 읽는다.

❿ 숫자를 나눴을 때의 나머지를 가져온다.

⓫ 주어진 값을 반올림한다.

⓬ 선택한 수학공식을 이용해서 값을 계산한다.

❶ [연산] 탭에서 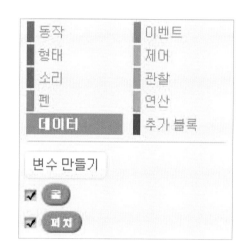 를 스크립트로 4개 옮겨 그림과 같이 배열합니다. 변수도 그림과 같이 바꿔줍니다.

```
롤 ▼ 을(를) 조이스틱 오른쪽 상하 ▼ 읽기 로 정하기
피치 ▼ 을(를) 조이스틱 오른쪽 좌우 ▼ 읽기 로 정하기
만약    > 50  (이)라면
    y좌표를 20 만큼 바꾸기
만약 -50 >    (이)라면
    y좌표를 -20 만큼 바꾸기
만약    > 50  (이)라면
    x좌표를 20 만큼 바꾸기
만약 -50 >    (이)라면
    x좌표를 -20 만큼 바꾸기
```

❷ 스크립트에서 [데이터] 탭을 클릭합니다.

```
동작          이벤트
형태          제어
소리          관찰
펜            연산
데이터         추가 블록

변수 만들기

☑  롤
☑  피치
```

❸ 롤 과 피치 블록을 스크립트로 옮겨 보기와 같이 배열합니다.

```
롤 ▼ 을(를) 조이스틱 오른쪽 상하 ▼ 읽기 로 정하기
피치 ▼ 을(를) 조이스틱 오른쪽 좌우 ▼ 읽기 로 정하기
만약 롤 > 50  (이)라면
    y좌표를 20 만큼 바꾸기
만약 -50 > 롤  (이)라면
    y좌표를 -20 만큼 바꾸기
만약 피치 > 50  (이)라면
    x좌표를 20 만큼 바꾸기
만약 -50 > 피치  (이)라면
    x좌표를 -20 만큼 바꾸기
```

PART 04 | 코딩드론 스크래치 코딩

❹ [제어] 탭에서  코딩블록을 가져다 그림

과 같이 배열합니다.

❺ 스크립트에서 [이벤트] 탭을 클릭합니다.

❻ 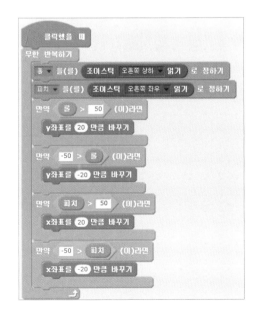 블록을 배열하여 스크립트를 완성합니다.

〈 완성 〉

2 연습하기

새로운 스프라이트 : 기존의 Cat 스프라이트뿐만
아니라 다양한 스프라이트를 생성할 수 있습니다.
저장소의 "스프라이트 선택"에서 다양한 스프라이
트를 만들어보세요.

예제 1)

01 저장소에서 "스프라이트 선택"에서 "Bat1"
스프라이트를 새로 생성한 모습입니다. 새
로 생성된 스프라이트는 고유의 스크립트를
따로 설정할 수 있습니다.

02 스프라이트 창에서 Bat1을 클릭하면 기존의 스크립트는 보이지 않고 빈 스크립트가 나옵니다.

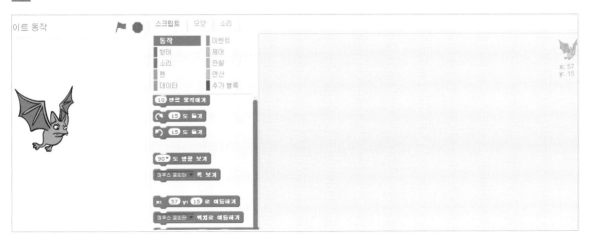

PART 04 _ 드론 스크래치 코딩

03 새로운 스크립트 창에 그림과 같이 코딩블록을 만들어 주세요. [이벤트], [제어], [동작] 탭에서 각각의 코딩블록을 가져옵니다.

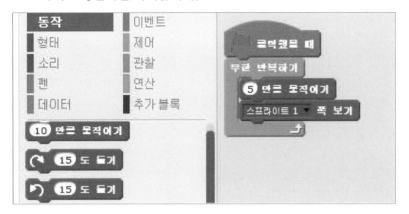

04 좌측 상단의 확대 메뉴와 시작 버튼을 클릭하여 고양이를 무한히 따라오는 박쥐 게임을 즐길 수 있습니다. 조금 더 어려운 코딩을 원한다면 다음 페이지 예제를 보세요.

조종기를 이용한 스프라이트 동작

예제 1) 고양이 스크립트

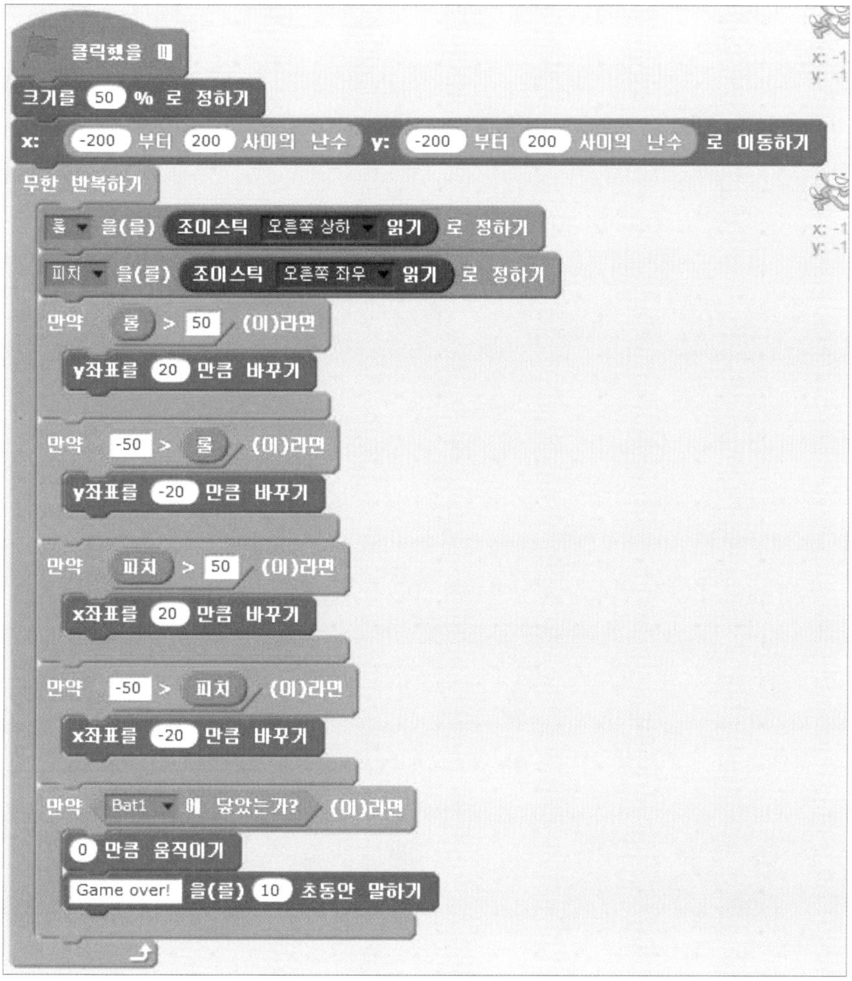

예제 2) 박쥐 스크립트

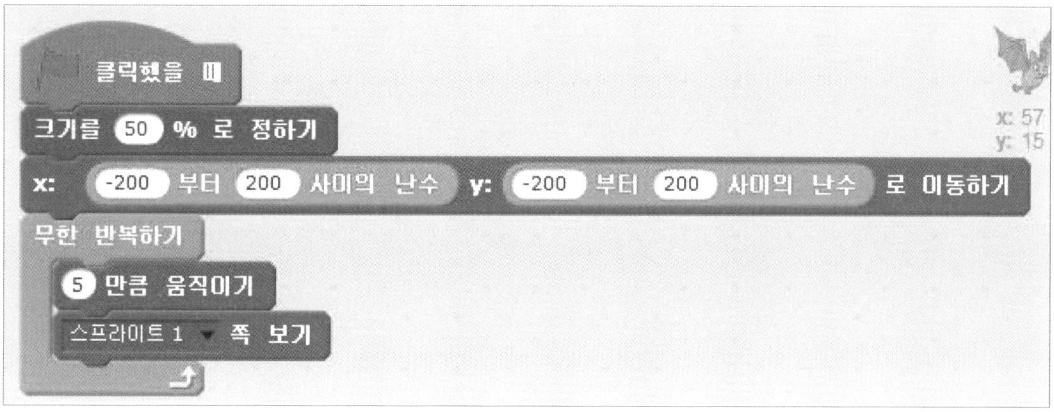

CHAPTER
03

조이스틱을 활용한 코딩

[학습 목표]
• 조이스틱의 움직임에 따라 게임을 만들어 실행할 수 있다.

1 조이스틱으로 스프라이트 움직이기

조이스틱의 쓰로틀 움직임(데이터값)에 따라 스프라이트를 움직여 봅시다.

• 코딩 논리 생각 •

1. 롤과 피치의 움직임에 따른 변수 데이터 크기 변화와 코딩이용을 생각한다.

2. 롤과 피치의 움직임과 스프라이트 움직임의 관계를 생각한다.

❶ 조이스틱 변수값을 정의하고 데이터를 넣는다.

❷ 동작 → "x좌표를 0으로 정하기" 블록을 드래그한다.

❸ 연산 → "0 * 2" 블록을 드래그한다.

❹ 동작 → "y좌표를 0으로 정하기" 블록을 드래그한다. "피치" 변수를 정의값으로 삽입한다.

❺ 명령어를 클릭하여 실행한다.

❱ 결과 확인

무선조정기의 오른쪽 조이스틱을 움직이면 롤과 피치 변수값이 변하고 움직이는 방향대로 스프라이트가 무대를 움직인다.

x : 피치
스프라이트가
위 ← → 아래로
움직인다.

(x,y) = (38,100)

스프라이트가 피/롤 값 위치로 이동

Y : 롤

스프라이트가 왼쪽 ← → 오른쪽으로 움직인다.

2 조이스틱으로 스프라이트 제어하기

조이스틱의 쓰로틀 움직임(데이터값)에 따라 스프라이트를 제어해 봅시다.

· 코딩 논리 생각 ·

1. 롤과 피치의 움직임에 따른 변수 데이터 크기 변화와 코딩이용을 생각한다.

2. 롤과 피치의 움직임과 스프라이트 움직임의 관계를 생각한다.

❶ 조이스틱 변수값을 정의하고 데이터를 넣는다.

❷ 이벤트 → 클릭했을 때 블록을 드래그한다.

❸ 제어 → 무한반복 블록을 드래그한다.

❹ 데이터 → "[ ]를 0 로 정하기" 블록을 드래그한다.

❺ 추가 블록 → "조이스틱 [ ] 읽기" 블록을 드래그해서 0에 추가한다.

❻ ④~⑤를 반복한다.

❼ 제어 → "만약 ~ 라면" 블록을 드래그한다.

```
클릭했을 때
무한 반복하기
  롤 ▼ 을(를) 조이스틱 오른쪽 상하 ▼ 읽기 로 정하기
  피치 ▼ 을(를) 조이스틱 오른쪽 좌우 ▼ 읽기 로 정하기
  만약 롤 > 50 (이)라면
    y좌표를 20 만큼 바꾸기
  만약 -50 > 롤 (이)라면
    y좌표를 -20 만큼 바꾸기
  만약 피치 > 50 (이)라면
    x좌표를 20 만큼 바꾸기
  만약 -50 > 피치 (이)라면
    x좌표를 -20 만큼 바꾸기
```

❽ 연산 → "0 〉 0" 블록을 "만약 ~ 라면"에 추가한다.

❾ 동작 →"y좌표를 0만큼 바꾸기"블록을 드래그한다.

❿ ⑦~⑨를 반복한다.

⓫ ⑦~⑧을 반복한다.

⓬ 동작 → "x좌표를 0만큼 바꾸기" 블록을 드래그한다.

⓭ ⑩~⑫를 반복한다.

⓮ 명령어를 클릭하여 실행한다.

3 　떨어지는 공 잡기(기초)

01 기본 스프라이트를 삭제하고 스프라이트 저장소에서 'Cat1 Flying'을 불러옵니다.

02 회전방식을 '왼쪽에서 오른쪽으로만'으로 설정하고 크기를 60%로, X, Y 좌표는 (0,−160)으로 설정합니다.

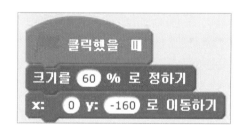

03 변수를 사용하려면 변수를 만들어야 합니다. [데이터] 카테고리의 '변수 만들기'버튼을 클릭합니다.

04 왼쪽과 같이 'Score'(점수)를 입력하고 [확인] 버튼을 누르면 변수가 만들어집니다.

05 변수를 만들면 [데이터] 카테고리에 왼쪽과 같이 새로운 블록이 생성되고 아래와 같이 무대 왼쪽 윗부분에 점수가 나타납니다.

06 무대에서 'Score'를 사라지게 하려면 Score 왼쪽에 위치한 체크버튼을 해제하면 됩니다. 이는 체크를 해제한다고 해서 변수가 삭제되는 것은 아니며 마우스 오른쪽 버튼을 통해 삭제할 수 있습니다.

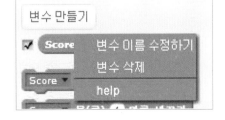

07 'life' 변수를 추가합니다.

08 'Score' 변수와 'Life' 변수를 넣고 'Score'에 0, 'Life'에 10을 설정합니다.

09 [이벤트] 카테고리에서 블록을 추가하고 '새 메시지'를 클릭합니다.

10 새로운 메시지 창이 뜨면 'START'를 입력해줍니다.

11 'START' 메시지를 받으면 게임이 본격적으로 시작되도록 해보겠습니다. 왼쪽과 같이 오른쪽 화살표 키를 눌렀을 때 방향과 속도를 설정해줍니다.

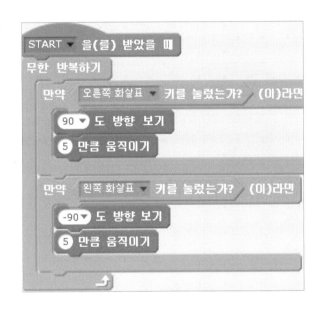

12 왼쪽 화살표 키를 눌렀을 때도 반응하도록 설정해줍니다.

13 왼쪽 화살표 키를 눌렀을 때도 반응하도록 설정해줍니다.

14 공 모양 스프라이트는 게임이 시작되기 전에는 보이지 않아야 하므로 크기를 정한 후 숨깁니다.

15 'START' 메시지를 받으면 공이 위에서 아래로 떨어지도록 '180도 방향보기' 블록을 추가합니다. 그리고 공은 x좌표의 랜덤 위치에서 떨어져야 하므로 난수를 써서 −220에서 220사이로 지정합니다. 이로써 공이 떨어지는 위치가 항상 바뀝니다.

16 공을 보이게 하고 '공 속도'에 대한 변수를 만든 뒤 속도 또한, 불규칙적으로 떨어져야 하므로 5에서 10까지의 난수를 지정합니다.

17 공이 고양이에 닿거나 벽에 닿을 때까지 반복하는 구조를 만들기 위해 [제어] 카테고리의 '~까지 반복하기' 블록을 추가한 후 블록을 넣어줍니다. 그다음 [관찰] 카테고리에서 위와 같이 설정합니다.

18 벽 또는 고양이에 닿을 때까지 공 속도만큼 움직이도록 하기 위해 [동작] 카테고리의 '~만큼 움직이기' 블록에 [데이터] 카테고리에 만들어 놓은 '공 속도'를 넣어줍니다.

19 만약 공이 고양이에 닿았다면 'Score'값을 1 증가시킵니다.

20 공을 사라지게 하고 1~2초 후 다시 떨어지게 하기 위해 [제어] 카테고리에서 '~초 기다리기'를 선택 후 난수를 설정합니다. 이를 무한 반복되도록 합니다.

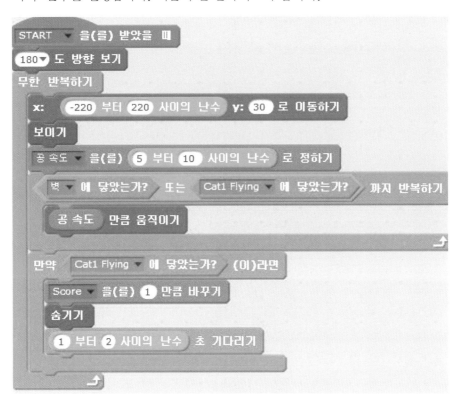

21 새로운 스프라이트 'Ghost2'를 추가합니다.

22 전과 같이 유령의 크기를 조절하고 게임이 시작하기
전이므로 숨겨줍니다.

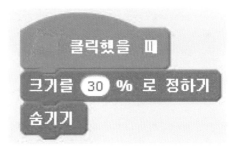

23 유령 스프라이트 또한, 공 스프라이트와 유사하게 설정해줍니다. 여기서 y좌표값이 150이 되어버리면 시작부터 유령이 벽에 닿아 아래로 떨어지지 않으므로 더 작은값을 지정해 줍니다.

24 만약 유령이 고양이에 닿았다면 'Life'를 1만큼 감소시킵니다. 블록의 설정값을 −1로 변경하면 life 가 1만큼 감소됩니다. Life가 0이 되면 실행을 종료시키기 위해 [제어] 카테고리에서 '만약 ~라면' 을 추가하고 [연산] 카테고리에서 █ < █ 를 선택 후 왼쪽에는 [데이터] 카테고리의 'life'를, 오른쪽에는 0을 입력합니다.

25 공이 사라지게 하고 1~2초 기다리도록 왼쪽 과 같이 설정합니다.

26 공과 유령 스프라이트를 복사하여 2~3개 더 생성합니다.

27 게임 시작 전 게임 방법을 설명하고자 합니다. 고양이 스프라이트에서 크기와 좌표값 사이에 [형태] 카테고리의 '~를 0초동안 말하기'를 추가하여 설명을 넣어줍니다.

```
클릭했을 때
크기를 60 % 로 정하기
공을 잡으면 +1점, 유령에 맞으면 -1점, life가 0이 되면 게임이 종료됩니다. 을(를) 2 초동안 말하기
x: 0 y: -160 로 이동하기
Score 을(를) 0 로 정하기
life 을(를) 10 로 정하기
START 방송하기
```

28 마지막으로 원하는 배경을 넣어준 후 마무리합니다.

4 갤러그

01 '저장소에서 스프라이트 선택'에서 'Spaceship'을 불러옵니다.

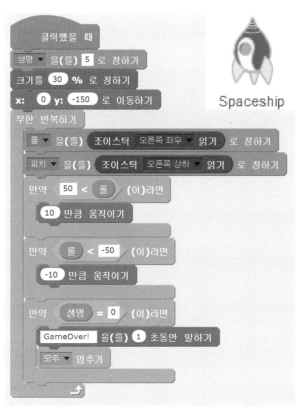

❶ 조이스틱 변수값을 정의하고 데이터를 넣는다.

❷ 이벤트 → "클릭했을 때" 블록을 드래그한다.

❸ 데이터 → "[생명]을 5로 정하기" 블록을 드래그한다.

❹ 형태 → "크기를 30%로 정하기" 블록을 드래그한다.

❺ 동작 → x : 0, y : −150로 이동하기" 블록을 드래그한다.

❻ 제어 → 무한반복 블록을 드래그한다.

❼ 데이터 → "[ ] 를 0 로 정하기" 블록을 드래그한다.

❽ 추가 블록 → "조이스틱 [ ] 읽기" 블록을 드래그해서 0에 추가한다.

❾ 제어 → "만약 ~ 라면" 블록을 드래그한다.

❿ 연산 → "0 〈 0" 블록을 "만약 ~ 라면"에 추가한다.

⓫ 동작 → "10만큼 움직이기" 블록을 드래그한다.

윗 3줄을 반복한다.

❶ 제어 → "만약 ~ 라면" 블록을 드래그한다.

❷ 연산 → "0 = 0" 블록을 "만약 ~ 라면"에 추가한다.

❸ 형태 → "[ ]을 0초 동안 말하기" 블록을 드래그한다.

❹ 제어 → "모두 멈추기" 블록을 드래그한다.

　"데이터값은 사진을 참조하세요."

03 '저장소에서 스프라이트 선택'에서 'Ball'을 불러옵니다.

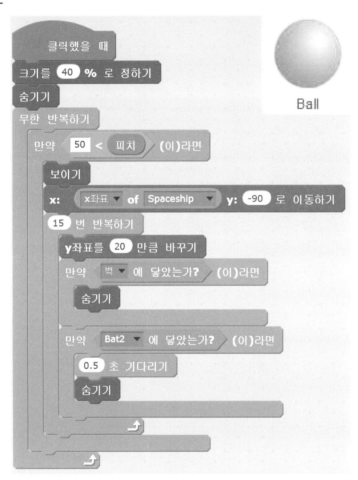

❶ 이벤트 → "클릭했을 때" 블록을 드래그한다.

❷ 형태 → "크기를 30%로 정하기" 블록을 드래그한다.

❸ 형태 → "숨기기" 블록을 드래그한다.

❹ 제어 → 무한반복 블록을 드래그한다.

❺ 제어 → "만약 ~ 라면" 블록을 드래그한다.

❻ 형태 → "보이기" 블록을 드래그한다.

❼ 동작 → "x : 0, y : 0로 이동하기" 블록을 드래그한다.

❽ 관찰 → "0 of 0" 블록을 x : 0에 넣는다.

❾ 제어 → "0번 반복하기" 블록을 드래그한다.

❿ 동작 → "y좌표를 0만큼 바꾸기" 블록을 드래그한다.

⓫ 제어 → "만약 ~ 라면" 블록을 드래그한다.

⓬ 관찰 → "벽에 닿았는가?" 블록을 "만약 ~ 라면" 블록에 넣는다.

⓭ 형태 → "숨기기" 블록을 드래그한다.

⓮ 위에 3줄 반복한다.

첫번째 다음에 제어 → "0초 기다리기" 블록을 드래그한다.

"데이터값은 사진을 참조하세요."

04 '저장소에서 스프라이트 선택'에서 'Bat2'를 불러옵니다.

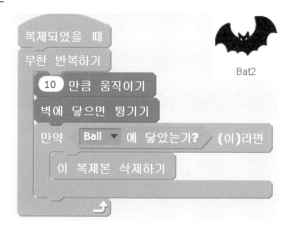

❶ 제어 → "복제되었을 때" 블록을 드래그한다.

❷ 제어 → "무한 반복하기" 블록을 드래그한다.

❸ 동작 → "0만큼 움직이기" 블록을 드래그한다.

❹ 동작 → "벽에 닿으면 튕기기" 블록을 드래그한다.

❺ 제어 → "만약 ~ 라면" 블록을 드래그한다.

❻ 제어 → "이 복제본 삭제하기" 블록을 드래그한다.

❼ "데이터값은 사진을 참조하세요."

05 이벤트 → "클릭했을 때" 블록을 드래그한다.

❶ 형태 → "크기를 0%로 정하기" 블록을 드래그한다.

❷ 제어 → "0번 반복하기" 블록을 드래그한다.

❸ 동작 → "0도 돌기" 블록을 드래그한다.

❹ 동작 → "x : 0, y : 0로 이동하기" 블록을 드래그한다.

❺ 연산 → "0 부터 0 사이의 난수" 블록을 x : 0 블록에 넣는다.

❻ 제어 → "나 자신 복제하기" 블록을 드래그한다.

❼ 제어 → "0초 기다리기" 블록을 드래그한다.

❽ 제어 → "무한 반복하기" 블록을 드래그한다.

❾ 동작 → "x : 0, y : 0로 이동하기" 블록을 드래그한다.

❿ 연산 → "0 부터 0 사이의 난수" 블록을 x : 0 블록에 넣는다.

⓫ "데이터값은 사진을 참조하세요."

06 '저장소에서 스프라이트 선택'에서 'Lightning'을 불러옵니다.

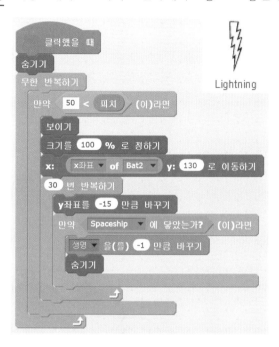

Lightning

❶ 이벤트 → "클릭했을 때" 블록을 드래그한다.

❷ 형태 → "숨기기" 블록을 드래그한다.

❸ 제어 → "무한 반복하기" 블록을 드래그한다.

❹ 제어 → "만약 ~ 라면" 블록을 드래그한다.

❺ 연산 → "0 〈 0" 블록을 "만약 ~ 라면" 블록에 넣는다.

❻ 데이터 → "피처" 블록을 "0 〈 0" 블록 오른쪽에 넣는다.

❼ 형태 → "보이기", "크기를 0%로 정하기" 블록을 드래그한다.

❽ 동작 → "x : 0, y : 0 로 이동하기" 블록을 드래그한다.

❾ 관찰 → "0 of 0" 블록을 "x : 0, y : 0 로 이동하기" 블록에 x : 0에 넣는다.

❿ 제어 → "0번 반복하기" 블록을 드래그한다.

⓫ 동작 → "y좌표를 0만큼 바꾸기" 블록을 드래그한다.

⓬ 제어 → "만약 ~ 라면" 블록을 드래그한다.

⓭ 관찰 → "0에 닿았는가?" 블록을 "만약 ~ 라면" 블록에 넣는다.

⓮ 데이터 → "[ ]을 0만큼 바꾸기" 블록을 드래그한다.

⓯ 형태 → "숨기기" 블록을 드래그한다.

⓰ "데이터값은 사진을 참조하세요."

CHAPTER 04 공 던지기 게임

[학습 목표]

• 프로젝트를 실행하는 동안 값을 저장하는 공간인 변수를 이해할 수 있다. 공을 던져 보드에 맞춰 점수를 올리는 프로젝트를 실행할 수 있다. 블록 추가를 통해 게임의 난이도를 높여 응용할 수 있다.

1 공 던지기 게임

1) 고양이 스프라이트 설정하기

❶ 기본 스프라이트를 삭제하고 새로운 스프라이트 Cat2를 불러옵니다.

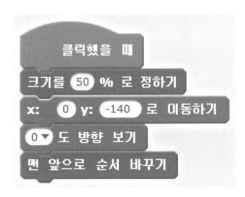

Cat2

❷ [형태] 카테고리를 이용하여 크기를 50%로 바꾸고 [동작] 카테고리를 이용해 (0,-140)으로 좌표를 이동시킵니다.

❸ 현재 고양이는 왼쪽방향을 보고 있으므로 위쪽 방향을 볼 수 있도록 '0도 방향보기' 블록을 추가합니다. 그리고

❹ [형태] 카테고리에서 고양이가 맨 앞에 오도록 합니다.

❺ 오른쪽 화살표를 누르면 고양이가 시계방
향으로 5도, 왼쪽 화살표를 누르면 반시계
방향으로 5도 돌 수 있도록 왼쪽과 같이 설
정합니다.

클릭했을 ▥

크기를 50 % 로 정하기

x: 0 y: -140 로 이동하기

0▾ 도 방향 보기

맨 앞으로 순서 바꾸기

무한 반복하기

만약 오른쪽 화살표 ▾ 키를 눌렀는가? (이)라면

↻ 5 도 돌기

만약 왼쪽 화살표 ▾ 키를 눌렀는가? (이)라면

↺ 5 도 돌기

2) 보드 만들기

❶ '새 스프라이트 색칠' 버튼을 누르고 그림그리
기 도구를 이용해서 다음과 같은 보드를 만듭
니다.

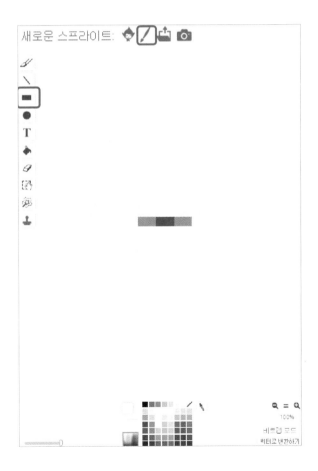

❷ '새 스프라이트 색칠' 버튼을 누르고 그림그리기 도구를 이용해서 다음과 같은 보드를 만듭니다.

❸ 실행했을 때 보드가 무대에서 사라지고 '보드이동' 메시지를 방송하도록 합니다.

❹ '보드이동' 방송을 받았을 때 보드가 보이지 않게 (−100, 50)으로 이동하도록 합니다.

❺ 이동 후 보드 속도에 대한 변수를 만들어 속도를 5~7 정도로 움직이도록 합니다. 이를 벽에 닿을 때까지 반복하도록 합니다.

3) 공 스프라이트 설정하기

❶ 새로운 스프라이트 'Ball'을 추가합니다.

❷ 공의 크기를 30%로 조절하고 '점수' 변수를 만들고 숨깁니다.

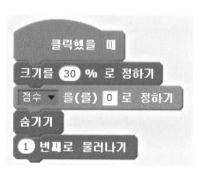

❸ 스프라이트가 다른 스프라이트보다 설정한 값만큼 뒤로 물러나게 하는 값입니다.

❹ 스페이스 바를 누르면 공이 고양이가 보는 방향에서 날아갈 수 있도록 설정해 봅시다. [제어] 카테고리에서 '만약 스페이스 키를 눌렀는가' 블록을 넣어주고 공을 고양이 스프라이트 위치로 이동시킵니다.

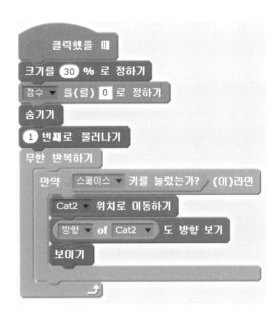

❺ [관찰] 카테고리에 있는 고양이가 보는 방향을 의미합니다. 따라서를 지정하면 공이 고양이가 바라보는 방향을 보게 합니다.

❻ 방금까지 공을 숨겨놓았으므로 [형태] 카테고리에서 '보이기' 블록을 추가하고 이를 무한반복 시킵니다.

❼ 벽에 닿거나 보드(스프라이트 1)에 닿을 때까지 날아가게 합니다.

4) 공 스프라이트 설정하기

❶ 이제 공이 맞춘 색깔에 따라 점수를 다르게 지
정해봅시다. 왼쪽과 같이 노란색에 닿으면 점
수를 1만큼 바꿔주고 주황색에 닿으면 2만큼,
빨간색에 닿으면 3만큼 증가시킵니다.

+ 플러스 Tip

색깔 지정하는 법

██ 색에 닿았는가?

색깔 부분에 마우스 클릭을 하고 떼면 박스 안 색깔이 바
뀔 것입니다. 이때 원하는 색깔이 있는 위치에 마우스를
대고 클릭하면 색깔이 변경됩니다.

❷ 만약 공이 보드에 닿으면 현재 보드가 사라지
고 무대 왼쪽에서 새로운 보드가 나오도록 '보
드이동 방송하기' 블록을 추가합니다.

❸ 다트가 보드에 닿거나 벽에 닿으면 안보이도록
'숨기기' 블록을 추가합니다.

❹ 이제 게임이 30초간 실행될 수 있도록 해 봅시다. '스프라이트'로 이
동해서 시간 변수를 만들고 0으로 정합니다. 그리고 타이머를 초기
화합니다. [관찰] 카테고리의 '타이머 초기화 블록은 타이머의 값을 0
으로 초기화하는 값입니다.

클릭했을 때
숨기기
보드이동 ▼ 방송하기
시간 ▼ 을(를) 0 로 정하기
타이머의 값을 0으로 초기화 합니다. ─ 타이머 초기화

❺ 시간이 30초가 될 때까지 반복하는 구조를 만들기 위해 왼쪽과 같이 설정합니다. '시간' 변수는 타이머로 정하고 1초 기다립니다.

```
클릭했을 때
숨기기
보드이동 ▼ 방송하기
시간 ▼ 을(를) 0 로 정하기
타이머 초기화
시간 = 30 까지 반복하기
    시간 ▼ 을(를) 타이머 로 정하기
    1 초 기다리기
```

❻ 무대에 시간이 소수점까지 나타나므로 [연산]의 반올림 블록을 타이머에 추가해줍니다.

```
시간 ▼ 을(를) 타이머 반올림 로 정하기
1 초 기다리기
```

❼ 30초가 되면 게임이 종료되도록 '모두 멈추기' 블록을 추가합니다.

```
클릭했을 때
숨기기
보드이동 ▼ 방송하기
시간 ▼ 을(를) 0 로 정하기
타이머 초기화
시간 = 30 까지 반복하기
    시간 ▼ 을(를) 타이머 반올림 로 정하기
    1 초 기다리기
모두 ▼ 멈추기
```

❽ 배경을 추가하여 완성합니다.

모스부호 코딩하기

[학습 목표]
• 스크래치를 통해 한글을 입력하면 코딩보드에서 모스부호를 읽어내는 프로그램을 실행할 수 있다.

1 한글 모스부호 익히기

문자	모스부호	문자	모스부호
ㄱ	*—**	ㅏ	*
ㄴ	**—*	ㅑ	**
ㄷ	—***	ㅓ	—
ㄹ	***—	ㅕ	***
ㅁ	——	ㅗ	*—
ㅂ	*——	ㅛ	—*
ㅅ	——*	ㅜ	****
ㅇ	—*—	ㅠ	*—*
ㅈ	*——*	ㅡ	—**
ㅊ	—*—*	ㅣ	**—
ㅋ	—**—	ㅔ	—*——
ㅌ	——**	ㅐ	——*—
ㅍ	———		
ㅎ	*———		

· '*'은 짧게 소리 내고 '—'은 길게 소리 냅니다. 위의 표를 보고 모스부호를 익히고 스크래치를 통해 한글을 입력하면 코딩보드에서 모스부호를 읽어내는 프로그램을 만들어봅시다.

2 모스부호 코딩하기

01 프로그램 시작을 위해 [제어] 카테고리에서 만약 마우스를 클릭했는가? 블록을 넣고 [데이터] 카테고리에서 변수 1을 생성합니다.

1을 모스부호입력하기로 정하고 [관찰] 카테고리에서 변수 1 묻고 기다리기를 추가합니다.

02 이제 모스부호를 차례로 추가하기 위해 '만약 대답이 ㄱ이라면' 블록을 추가합니다. [연산], [관찰] 카테고리를 이용하면 됩니다.

'ㄱ'의 모스부호는 *-**이므로 '도'음을 0.1초 동안 소리내기를 추가합니다. 그리고 '도'음의 소리가 쭉 이어지게 나오지 않도록 0.5초 기다리기를 추가합니다. 다음 *-**를 표현하기 위해 '도'음을 0.5초 → 0.1초 → 0.1초 동안 소리내기를 차례로 추가합니다.

03 'ㄴ'의 모스 부호는 ✱✱-✱이므로 '도'음을 0.1초 → 0.1초 → 0.5초 → 0.1초 동안 소리내기를 차례로 추가합니다.

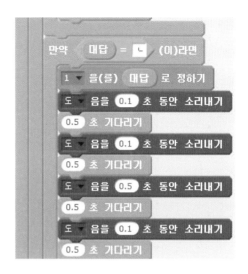

04 'ㄷ'의 모스 부호는 -✱✱✱이므로 '도'음을 0.5초 → 0.1초 → 0.1초 → 0.1초 동안 소리내기를 차례로 추가합니다.

05 'ㄹ'의 모스 부호는 ✱✱✱-이므로 '도'음을 0.1초 → 0.1초 → 0.1초 → 0.5초 동안 소리내기를 차례로 추가합니다.

06 'ㅁ'의 모스 부호는 ――이므로 '도'음을 0.5초 → 0.5초 동안 소리내기를 차례로 추가합니다.

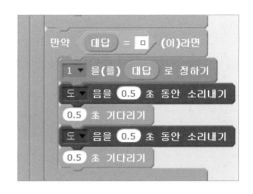

07 'ㅂ'의 모스 부호는 ＊――이므로 '도'음을 0.1초 → 0.5초 → 0.5초 동안 소리내기를 차례로 추가합니다.

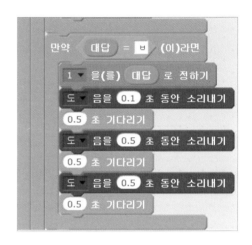

08 'ㅅ'의 모스 부호는 ――＊이므로 '도'음을 0.5초 → 0.5초 → 0.1초 동안 소리내기를 차례로 추가합니다.

09 'ㅇ'의 모스 부호는 -*-이므로 '도'음을 0.5초 → 0.1초 → 0.5초 동안 소리내기를 차례로 추가합니다.

10 'ㅈ'의 모스 부호는 *--*이므로 '도'음을 0.1초 → 0.5초 → 0.5초 → 0.1초 동안 소리내기를 차례로 추가합니다.

11 'ㅊ'의 모스 부호는 -*-*이므로 '도'음을 0.1초 → 0.5초 → 0.1초 → 0.5초 동안 소리내기를 차례로 추가합니다.

12 'ㅋ'의 모스 부호는 -**-이므로 '도'음을 0.5 초 → 0.1 초 → 0.1초 → 0.5초 동안 소리내기를 차례로 추가합니다.

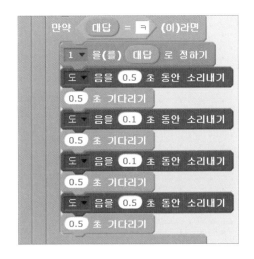

13 'ㅌ'의 모스 부호는 --**이므로 '도'음을 0.5초 → 0.5 초 → 0.1초 → 0.1초 동안 소리내기를 차례로 추가합니다.

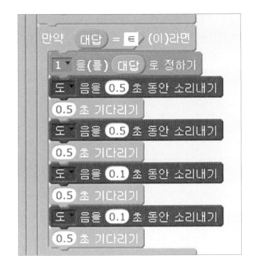

14 'ㅍ'의 모스 부호는 ---이므로 '도'음을 0.5초 → 0.5 초 → 0.5초 동안 소리내기를 차례로 추가합니다.

15 'ㅎ'의 모스 부호는 *---이므로 '도'음을 0.1초 → 0.5초 → 0.5초 → 0.5초 동안 소리내기를 차례로 추가합니다.

16 'ㅏ'의 모스 부호는 *이므로 '도'음을 0.1초 동안 소리내기를 차례로 추가합니다.

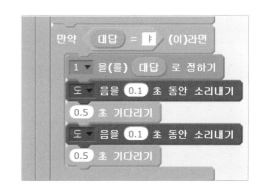

17 'ㅑ'의 모스 부호는 **이므로 '도'음을 0.1초 → 0.1초 동안 소리내기를 차례로 추가합니다.

18 'ㅓ'의 모스 부호는 -이므로 '도'음을 0.5초 동안 소리내기를 차례로 추가합니다.

19 '취'의 모스 부호는 ***이므로 '도'음을 0.1초 → 0.1초 → 0.1초 동안 소리내기를 차례로 추가합니다.

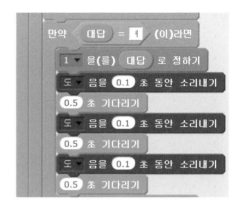

20 'ㅗ'의 모스 부호는 *–이므로 '도'음을 0.1초 → 0.5초 동안 소리내기를 차례로 추가합니다.

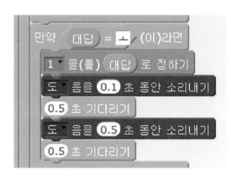

21 'ㅛ'의 모스 부호는 *–이므로 '도'음을 0.1초 → 0.5초 동안 소리내기를 차례로 추가합니다.

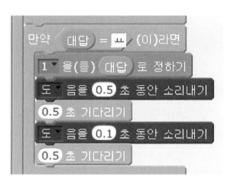

22 'ㅜ'의 모스 부호는 ***이므로 '도'음을 0.1초 → 0.1초 → 0.1초 → 0.1초 동안 소리내기를 차례로 추가합니다.

23 'ㅠ'의 모스 부호는 ＊−＊이므로 '도'음을 0.1초 → 0.5초 → 0.1초 동안 소리 내기를 차례로 추가합니다.

24 'ㅡ'의 모스 부호는 −＊＊이므로 '도'음을 0.5초 → 0.1초 → 0.1초 동안 소리내기를 차례로 추가합니다.

25 'ㅣ'의 모스 부호는 ＊＊−이므로 '도'음을 0.1초 → 0.1초 → 0.5초 동안 소리내기를 차례로 추가합니다.

26 '개'의 모스 부호는 ――*―이므로 '도'음을 0.5초 → 0.5초 → 0.1초 → 0.5초 동안 소리내기를 차례로 추가합니다.

27 '게'의 모스 부호는 ―*――이므로 '도'음을 0.5초 → 0.1초 → 0.5초 → 0.5초 동안 소리내기를 차례로 추가합니다.

28 스페이스를 누르면 프로그램을 끝내기 위해 "만약 스페이스키를 눌렀는가?라면"을 추가하고 모두 멈추기를 추가합니다. 그리고 모스부호 입력을 다시 할 수 있도록 무한 반복하기를 추가합니다.

탄막 게임

CHAPTER 06

• 자이로 센서에 의해 기울기를 사용하여 게임을 프로그래밍할 수 있다.

1 탄막 게임

기울기에 의해서 상/하 방향 제어가 됩니다. 자이로 시소의 2개의 모터 회전을 통해 상하 방향을 제어하는 프로그래밍을 합니다.

1) 상하방향(Arrow)

↑ **Arrow 1**

```
클릭했을 때
점수 ▼ 을(를) 0 로 정하기
x: -218  y: -133 로 이동하기
크기를 100 % 로 정하기
무한 반복하기
    보드 상하 ▼ 기울기 값 읽어오기  말하기
    만약  20 < 보드 상하 ▼ 기울기 값 읽어오기  (이)라면
        점수 ▼ 을(를) -2 만큼 바꾸기
        오른쪽위 ▼ 모터를 100 세기로 돌리기
        왼쪽아래 ▼ 모터를 100 세기로 돌리기
    만약  보드 상하 ▼ 기울기 값 읽어오기 < -20  (이)라면
        점수 ▼ 을(를) -2 만큼 바꾸기
        오른쪽위 ▼ 모터를 100 세기로 돌리기
        왼쪽아래 ▼ 모터를 100 세기로 돌리기
    만약 -20 < 보드 상하 ▼ 기울기 값 읽어오기  그리고  보드 상하 ▼ 기울기 값 읽어오기 < 20  (이)라면
        점수 ▼ 을(를) 0 만큼 바꾸기
        오른쪽위 ▼ 모터를 10 세기로 돌리기
        왼쪽아래 ▼ 모터를 10 세기로 돌리기
```

❶ 이벤트 → "클릭했을 때" 블록을 드래그한다.

❷ 데이터 → "( )를 0로 정하기"

❸ 동작 → "x : 0, y : 0로 이동하기" 블록을 드래그한다.

❹ 형태 → "크기를 0%로 정하기" 블록을 드래그한다.

❺ 제어 → "무한 반복하기" 블록을 드래그한다.

❻ 형태 → "( ) 말하기" 블록을 드래그한다.

❼ 추가블록 → "보드 ( )기울기 값 읽어오기" 블록을 "( ) 말하기" 블록을 삽입한다.

❽ 제어 → "만약 ~ 라면" 블록을 드래그한다.

❾ 연산 → "0 〈 0" 블록을 "만약 ~ 라면" 블록에 삽입한다.

❿ 추가블록 → "보드 ( )기울기 값 읽어오기" 블록을 "0 〈 0" 블록에 삽입한다.

⓫ 데이터 → "( )를 0만큼 바꾸기" 블록을 드래그한다.

⓬ 추가블록 → "( )모터를 0세기로 돌리기" 블록을 드래그한다.

PART 04 뉴디콘 스크래치 코딩

⑬ 12번을 한 번 더 반복한다.

⑭ 8번 ~ 13번을 반복한다.

⑮ 제어 → "만약 ~ 라면" 블록을 드래그한다.

⑯ 연산 → "( ) 그리고 ( )" 블록을 "만약 ~ 라면" 블록에 삽입한다.

⑰ 연산 → "0 〈 0" 블록을 "( ) 그리고 ( )" 블록에 두 번 삽입한다.

⑱ 데이터 → "( )를 0만큼 바꾸기" 블록을 드래그한다.

⑲ 추가블록 → "( )모터를 0세기로 돌리기" 블록을 드래그한다.

⑳ 19번을 한 번 더 반복한다.

2) 좌우방향(Arrow 1-a)

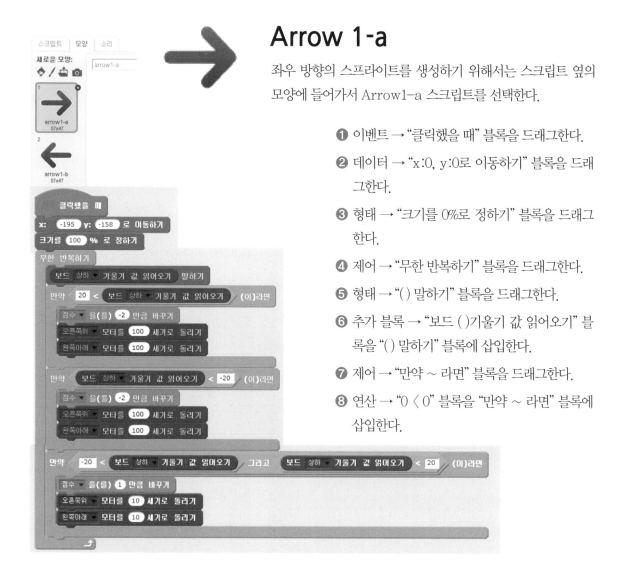

Arrow 1-a

좌우 방향의 스프라이트를 생성하기 위해서는 스크립트 옆의
모양에 들어가서 Arrow1-a 스크립트를 선택한다.

❶ 이벤트 → "클릭했을 때" 블록을 드래그한다.

❷ 데이터 → "x:0, y:0로 이동하기" 블록을 드래
그한다.

❸ 형태 → "크기를 0%로 정하기" 블록을 드래그
한다.

❹ 제어 → "무한 반복하기" 블록을 드래그한다.

❺ 형태 → "( ) 말하기" 블록을 드래그한다.

❻ 추가 블록 → "보드 ( )기울기 값 읽어오기" 블
록을 "( ) 말하기" 블록에 삽입한다.

❼ 제어 → "만약 ~ 라면" 블록을 드래그한다.

❽ 연산 → "0 〈 0" 블록을 "만약 ~ 라면" 블록에
삽입한다.

⑨ 추가 블록 → "보드 ( )기울기 값 읽어오기" 블록을 "0 〈 0" 블록에 삽입한다.

⑩ 데이터 → "( )를 0만큼 바꾸기" 블록을 드래그한다.

⑪ 추가 블록 → "( )모터를 0세기로 돌리기" 블록에 드래그한다.

⑫ 11번을 한 번 더 반복한다.

⑬ 7번~12번을 반복한다.

3) 고양이 날기(cat flying2)

cat flying2

❶ 이벤트 → "클릭했을 때" 블록을 드래그한다.

❷ 데이터 → "x : 0, y : 0로 이동하기" 블록을 드래그한다.

❸ 형태 → "크기를 0%로 정하기" 블록을 드래그한다.

❹ 제어 → "무한 반복하기" 블록을 드래그한다.

❺ 제어 → "만약 ~ 라면" 블록을 드래그한다.

❻ 연산 → "0 그리고 0" 블록을 "만약 ~ 라면" 블록에 삽입한다.

❼ 연산 → "0 〈 0" 블록을 "0 그리고 0" 블록에 두 개 삽입한다.

❽ 추가 블록 → "보드 ( )기울기 값 읽어오기" 블록을 "0 〈 0" 블록에 삽입한다.

❾ 동작 → "x좌표를 0만큼 바꾸기" 블록을 삽입한다.

⑩ 5번 ~ 9번을 반복한다. 단, 7번 연산 → "0 〉 0" 블록을 삽입한다.

⑪ 제어 → "만약 ~ 라면" 블록을 드래그한다.

⑫ 연산 → "0 〈 0" 블록을 드래그한다.

⑬ 추가 블록 → "보드 ( )기울기 값 읽어오기" 블록을 "0 〈 0"블록에 삽입한다.

⑭ 동작 → "x좌표를 0만큼 바꾸기" 블록을 삽입한다.

⑮ 11번~14번을 반복한다. 단, 12번 연산 → "0 〉 0" 블록을 삽입한다.

⑯ 제어 → "만약 ~ 라면" 블록을 드래그한다.

⑰ 연산 → "0 그리고 0"블록을 "만약 ~ 라면" 블록에 삽입한다.

⑱ 연산 → "0 〈 0" 블록을 "0 그리고 0" 블록에 두개 삽입한다.

⑲ 추가 블록 → "보드 ( )기울기 값 읽어오기" 블록을 "0 〈 0"블록에 삽입한다.

⑳ 동작 → "y좌표를 0만큼 바꾸기" 블록을 삽입한다.

㉑ 16번~20번을 반복한다. 단, 18번 연산 → "0 〉 0" 블록을 삽입한다.

㉒ 제어 → "만약~ 라면" 블록을 드래그한다.

㉓ 연산 → "0 〈 0" 블록을 드래그한다.

㉔ 추가 블록 → "보드 ( )기울기 값 읽어오기" 블록을 "0 〈 0"블록에 삽입한다.

㉕ 동작 → "y좌표를 0만큼 바꾸기" 블록을 삽입한다.

㉖ 22번~25번을 반복한다. 단, 23번 연산 → "0 〉 0" 블록을 삽입한다.

4) 폭탄(Ball)

Ball

❶ 이벤트 → "클릭했을 때" 블록을 드래그한다.

❷ 제어 → "0초 기다리기" 블록을 드래그한다.

❸ 데이터 → "( )를 0로 정하기" 블록을 드래그한다.

❹ 형태 → "크기를 0%로 정하기" 블록을 드래그한다.

❺ 형태 → "보이기" 블록을 드래그한다.

❻ 제어 → "0번 반복하기" 블록을 드래그한다.

❼ 제어 → "( ) 복제하기" 블록을 드래그한다.

❽ 제어 → "0초 기다리기" 블록을 드래그한다.

❾ 데이터 → "( )를 0로 정하기" 블록을 드래그한다.

❿ 6번~9번을 3번 반복한다.

⓫ 형태 → "숨기기" 블록을 드래그한다.

⓬ 제어 → "0초 기다리기" 블록을 드래그한다.

⓭ 제어 → "( ) 멈추기" 블록을 드래그한다.

⓮ Ball을 4개 복사한다.

⓯ 명령어를 클릭하여 실행한다.

5) 폭탄을 피하는고양이

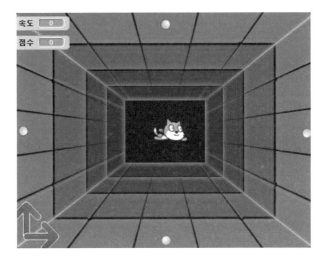

메이커
코딩드론

PART 05

4차산업혁명의 대표주자인 메이커활동의 필수인 3D프린터를 활용한 자기만의 드론을 만들어봅니다. 학생들이 직접 드론(Dron)의 형태를 디자인하고 만들어 자기만의 드론을 만들어 봅니다.

드론 바디 기본 모델링

[학습 목표]

• 123D Design 프로그램을 이용하여 드론 바디를 모델링할 수 있다. 모델링한 드론 바디를 3D 프린터로 출력할 수 있다.

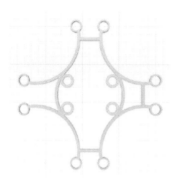

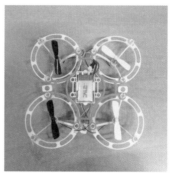

1 드론 바디 기본 모델링

1) 드론 바디 가이드 스케치

01 Skech 메뉴에서 Sketch Rectangle를 클릭합니다.

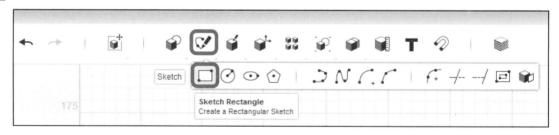

02 선택한 스케치 툴로 원점에서 시작하여 가로 75mm 세로 75mm 크기의 정사각형을 그립니다.

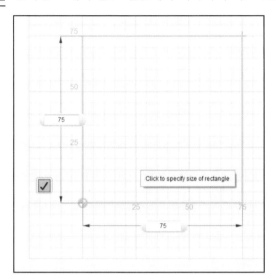 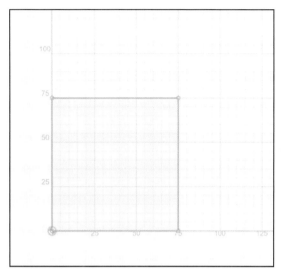

03 '2'에서 그린 정사각형의 네 모서리에 지름 58mm의 원을 그립니다.

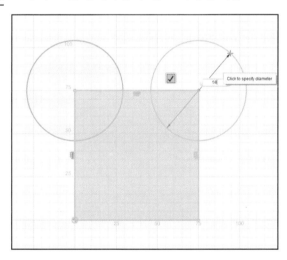

+ 플러스 Tip

3D프린터 활용에 필요한 소프트웨어 출력가이드는
'드론+3D프린터+코딩을 활용한 무한상상 창작교실' 교재를 참고하세요.

04 Skech 메뉴에서 Offset 툴을 선택하여, '3'에서 그린 원의 바깥으로 2mm만큼 간격을 두고 원을 그립니다. Offset을 사용하지 않으면 선이나 원으로 그렸던 부분에 두께에 대한 정보가 없어, 가이드에 불과하므로 출력할 수 없습니다. 그러므로 두께를 생성하기 위해 Offset을 사용합니다.

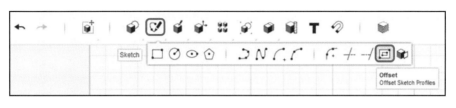

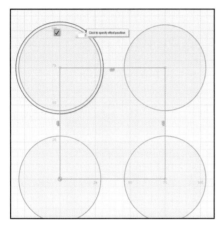 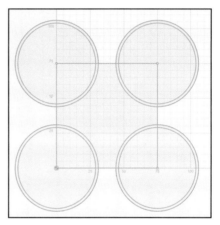

05 Skech 메뉴에서 Polyline 툴을 선택하여, 왼쪽 상단에 있는 원의 안쪽 원과 정사각형의 대각선이 만나는 점을 중심으로 내경 6.1mm, 외경 8.3mm의 원을 그립니다.

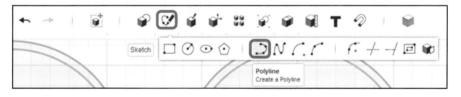

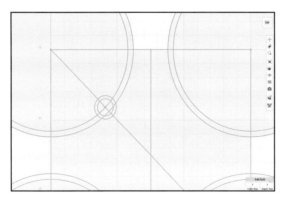

2) 드론 바디

01 '5'에서 그린 원을 클릭하여 Extrude를 선택하여 2mm만큼 돌출시킵니다.

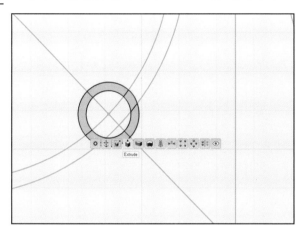 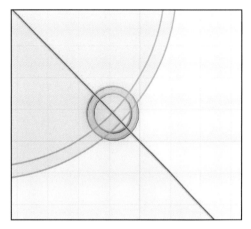

02 돌출시킨 원을 선택하고 Pattern 메뉴의 Circular Pattern 툴을 클릭합니다. 솔리드는 이미 잡혀 있으므로, Axis를 선택하고 안쪽 원의 테두리를 클릭하여 축을 정합니다. 그리고 6을 입력하면 안쪽 원의 테두리를 중심으로 6개의 작은 원이 복제되어 생성됩니다.

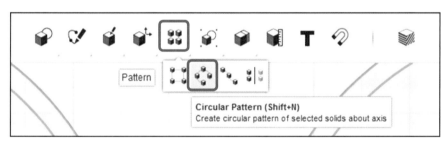

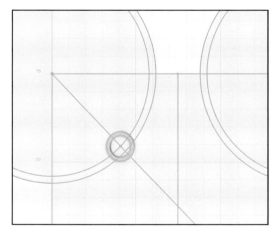 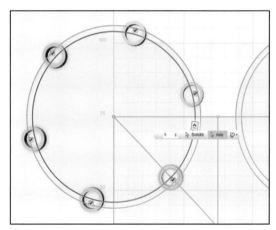

03 위의 그림과 같이 작은 원 솔리드를 두 개만 남겨놓고 삭제합니다.

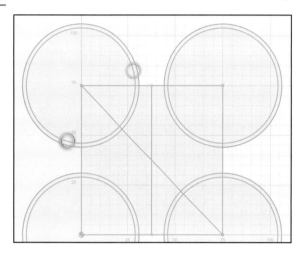

04 작은 원 솔리드를 모두 선택하고 Pattern 메뉴의 Mirror 툴을 클릭합니다. 그리고 정사각형의 가로, 세로의 중심에 선을 그어 복제되도록 합니다.

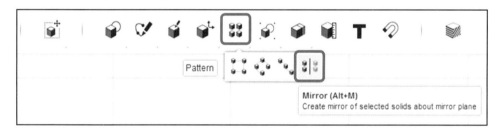

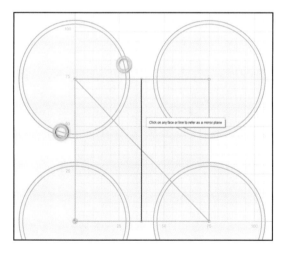
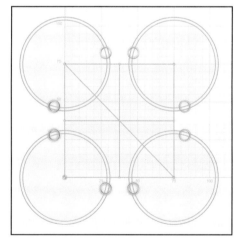

05 '9'에서 그린 정사각형의 중심점으로부터 내접원과 외접원을 그립니다. 치수는 입력하지 않습니다 (내접원은 이전에 만들었던 큰 원의 외접원과 맞닿도록, 외접원은 큰 원의 내접원에 맞닿도록 그립니다).

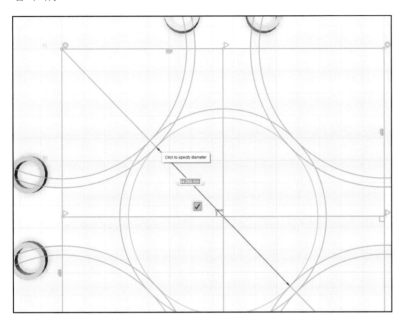

06 드론 바디의 중심이 되는 정사각형 스케치의 안쪽으로 2mm Offset합니다.

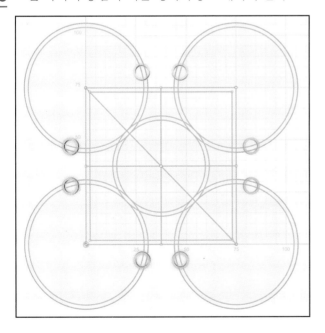

07 드론 바디의 중심이 되는 정사각형 스케치의 바깥쪽으로 4.4mm Offset합니다.

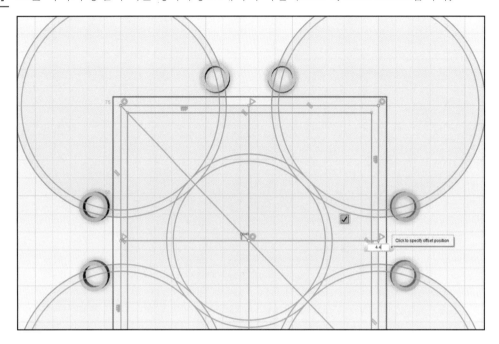

08 왼쪽 그림과 같이 드론의 바디가 될 부분을 선택하여, Extrude의 높이 설정 옆에 작은 아이콘을 클릭합니다. 그리고 Merge를 클릭하면 이 부분이 합집합이 됩니다.

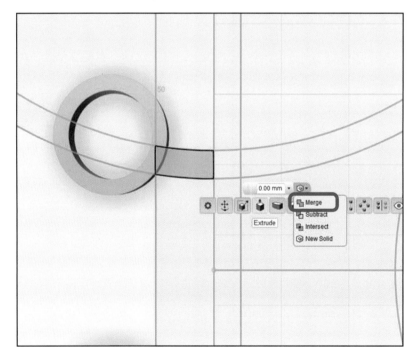

09 드론의 바디가 될 나머지 부분도 '13'과 같은 방법으로 실행합니다.

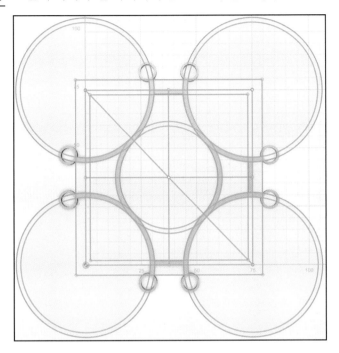

10 스케치를 클릭하고 삭제(Delete) 키를 눌러 전체 스케치를 제거합니다.

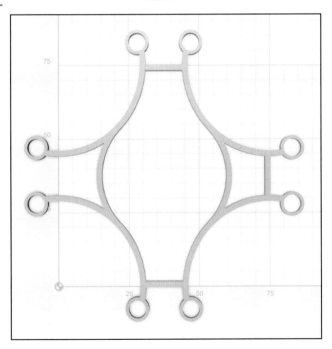

11 솔리드 전체를 드래그하고 Shift+D 키를 누르면 솔리드가 정중앙으로 이동합니다.

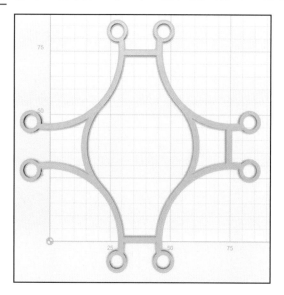 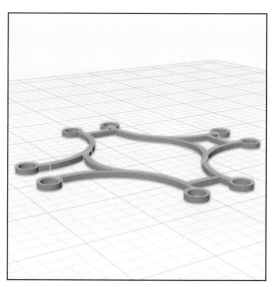

12 원점으로 돌아와 가로 31mm, 세로 18mm 크기의 직사각형을 그립니다. 그리고 직사각형의 네 모서리에 내경 6.1mm, 외경 8.3mm의 원을 그립니다.

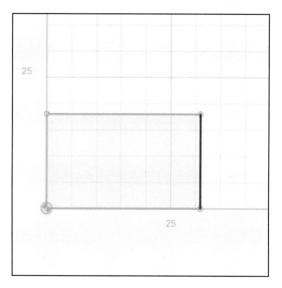 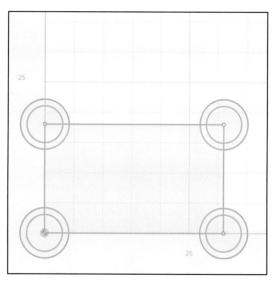

13 '17'에서 만든 네 개의 원을 모두 선택하여 2mm만큼 돌출시킵니다. 그리고 스케치를 제거하여 원의 솔리드만 남겨둡니다.

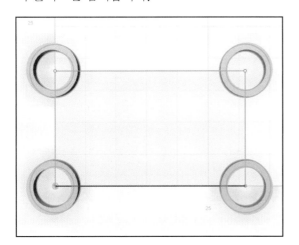
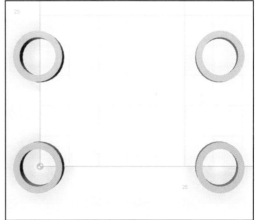

14 솔리드를 드래그하여 Shift + D 키를 눌러 중앙으로 보내면 완성입니다.

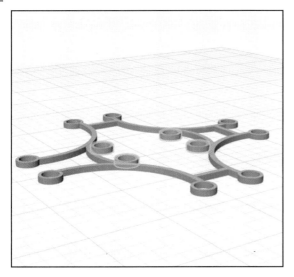
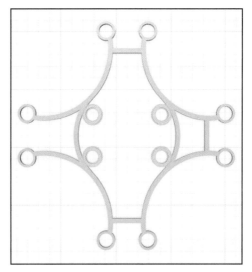

2 드론 바디 조립하기

01 드론 바디 조립을 위한 구성품으로는 3D 모델링 후 출력한 드론바디, 날개, 드론모터와 고정부, 메인보드와 배터리가 있습니다.

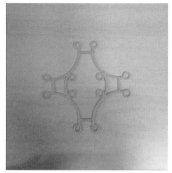
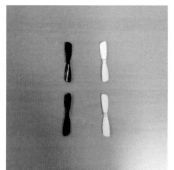

02 먼저 메인보드와 배터리를 연결하고, 메인보드와 바디를 연결해봅시다.

03 모터는 선을 가지런히 정리하여 드론 바디와 연결합니다.

04 뒤집어서 네 군데 모두 배선을 연결해 보세요.

05 날개는 생김새를 잘 보고 끼워야합니다. 날개의 방향을 잘못 끼운다면, 드론을 비행시킬 수 없습니다. 왼쪽 상단과 오른쪽 하단은 반시계방향의 날개를 끼웁니다. 그리고 오른쪽 상단과 왼쪽 하단은 시계 방향의 날개를 끼우면 완성입니다.

+ 플러스 Tip

· 왼쪽 모양처럼 생긴 것이 반시계방향 날개이고, 오른쪽 모양처럼 생긴 것이 시계 방향 날개입니다.
· 다음 차시에서 만드는 드론 바디들도 같은 방법으로 조립해 보세요.
· 색깔보다는 날개의 돌아가는 방향이 중요합니다.

드론 바디 응용 모델링

[학습 목표]

• 123D Design 프로그램을 이용하여 드론 바디를 모델링할 수 있다. 모델링한 드론 바디를 3D 프린터로 출력할 수 있다.

1 드론 바디 응용 모델링

1) 드론 바디 가이드 스케치

01 원점에서 시작하여 가로 75mm 세로 75mm 크기의 정사각형을 그립니다. 그리고 정사각형의 네 모서리에 지름 58mm의 원을 그립니다.

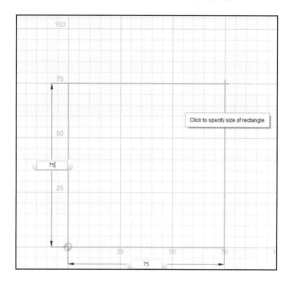

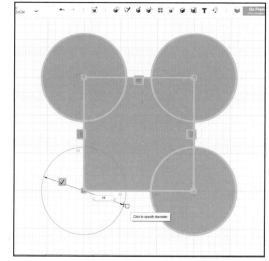

02 Skech 메뉴에서 Offset 툴을 선택하여, '1'에서 그린 원의 바깥으로 2mm만큼 간격을 두고 원을 그립니다. Offset을 사용하지 않으면 선이나 원으로 그렸던 부분에 두께에 대한 정보가 없어, 가이드에 불과하므로 출력할 수 없습니다. 그러므로 두께를 생성하기 위해 Offset을 사용합니다.

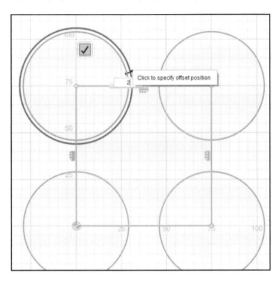

03 정사각형의 왼쪽 귀퉁이를 중심으로 지름 7mm의 원을 그립니다. 그리고 같은 중심으로 지름 10mm의 원을 그립니다. 여기서 그린 원들을 중심으로 Extrude하여 모터가 들어갈 자리를 만들 것입니다.

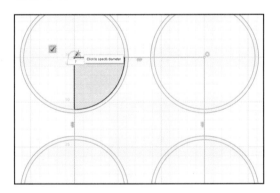 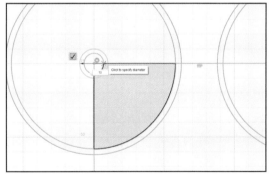

04 정사각형을 가로지르는 직선을 그립니다.

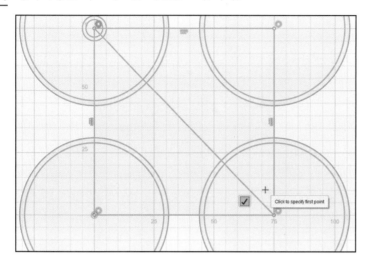

05 '4'에서 만든 직선의 중심에서 좌우로 각각 1mm만큼 Offset합니다.

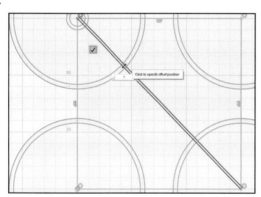 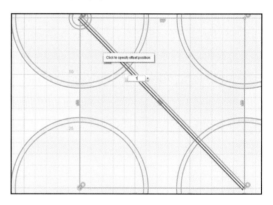

06 왼쪽의 그림과 같이 선택하여 Extrude합니다. 그리고 돌출된 가지 부분에 Circular Pattern 툴을 이용하여 추가로 지지대를 만들어 모터를 온전하게 지지할 수 있도록 합니다.

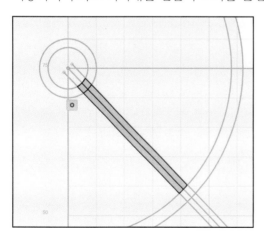 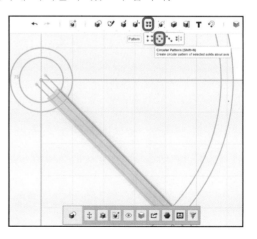

07 Circular Pattern을 클릭하고 Soild는 가지를 선택, Axis는 바깥 원 또는 안쪽 원의 테두리를 선택합니다. 그리고 개수는 3으로 입력합니다.

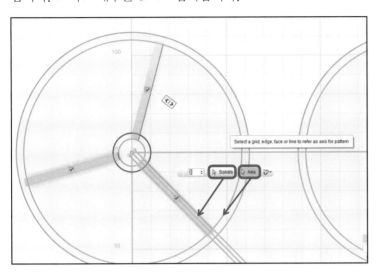

08 모터를 지지해 줄 나머지 부분을 Extrude합니다. 이때 반드시 Merge를 선택합니다.

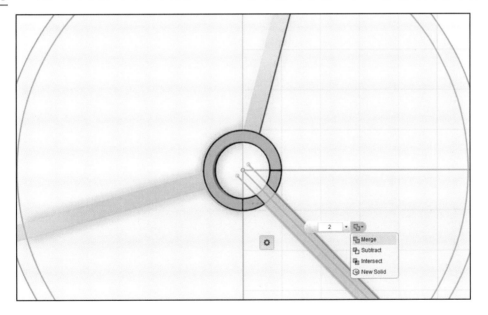

09 정사각형을 중심으로 가로, 세로 선을 그립니다.

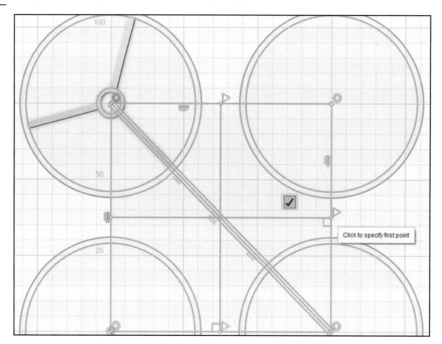

10 '9'에서 만든 모터의 지지부를 클릭하여 미러링할 것입니다.

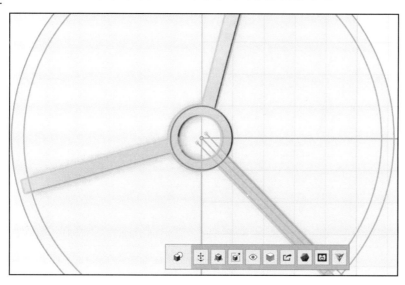

11 Pattern 메뉴에서 Mirror 툴을 선택합니다. 그리고 Soild는 모터의 지지부를 선택, Mirror Plane 은 정사각형 안쪽에 그렸던 세로 선을 선택합니다.

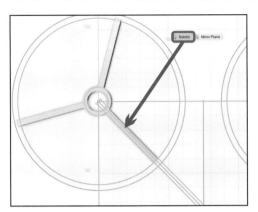 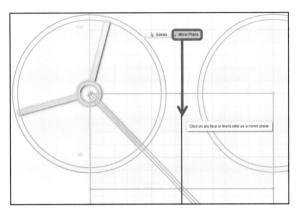

12 미러링 한 결과로 상단의 두 모터 지지부가 생성되었습니다. 하단에도 모터 지지부가 생성되도록 원본과 미러링된 부분을 선택하여 아래로 복사합니다.

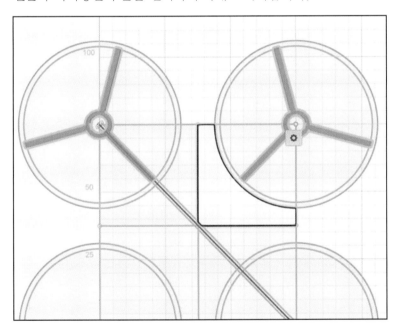

13 '11'과 같은 방법으로 정사각형 안쪽의 가로 선을 선택하면 네 개의 모터 지지부가 완성됩니다.

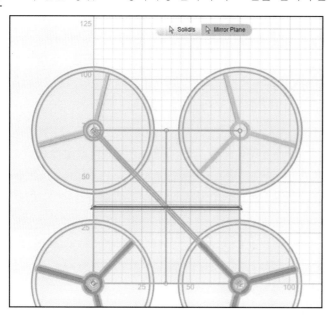

14 정사각형 안쪽의 불필요한 스케치는 제거합니다. 먼저 대각선을 제거하고, 내부의 가로, 세로선도 제거합니다.

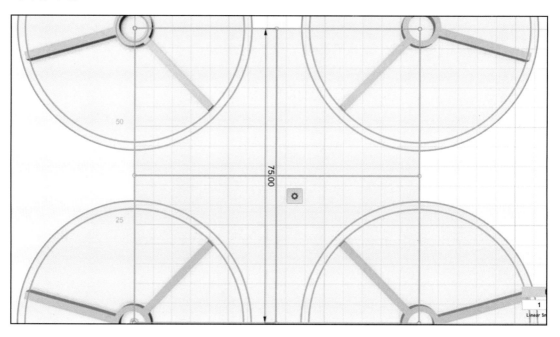

2) 드론 바디 만들기

01 드론의 몸체 부분과 날개를 보호하는 부분을 선택하여 2mm만큼 Extrude합니다.

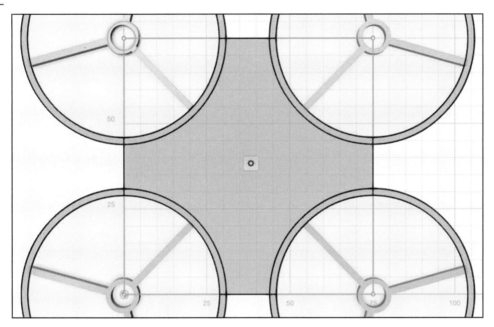

02 왼쪽의 그림과 같이 완성되었다면, Shift + D 키를 눌러 중앙으로 보냅니다.

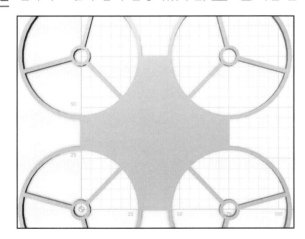
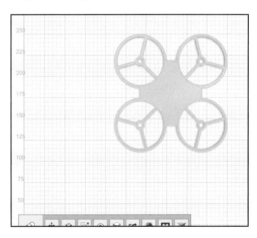

03 드론의 메인보드와 배터리가 들어갈 부분을 만들 것입니다. 가로 23mm, 세로 36mm의 직사각형을 만듭니다. 그리고 Shift + D 키를 눌러 중앙으로 보냅니다.

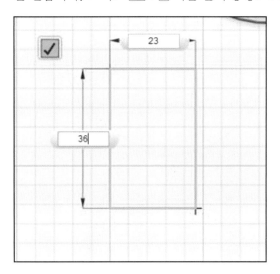 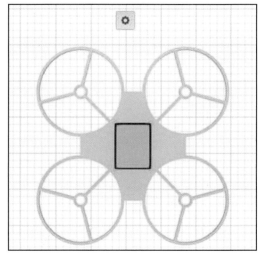

04 드론의 아랫부분이 보이도록 돌려, 오른쪽과 같이 선택된 부분을 Extrude합니다. 이때 다른 설정 (Merge)을 하지 않고 2mm만큼 Extrude한다면 선택된 부분이 차집합이 되어 없어집니다.

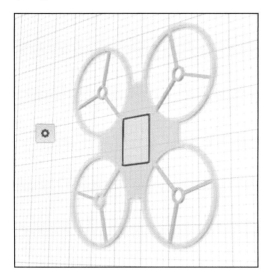 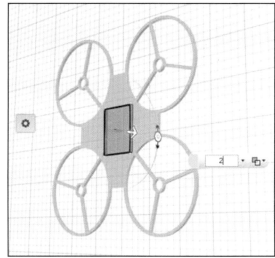

05 메인 보드가 들어갈 부분을 만들기 위해 가로 31mm, 세로 18mm의 직사각형을 그립니다. 그리고 네 모서리에 지름 6mm의 원을 그려줍니다.

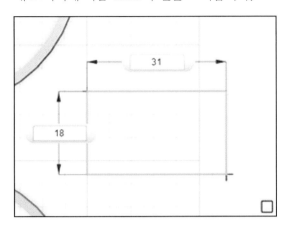 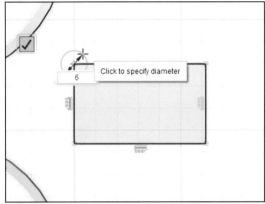

06 Sketch 메뉴의 Polyline 툴을 이용하여 오른쪽 그림과 같이 원을 이어주는 선을 그릴 것입니다. 왼쪽 원의 중심의 윗부분에서 오른쪽 원 중심의 윗부분까지 이어줍니다.

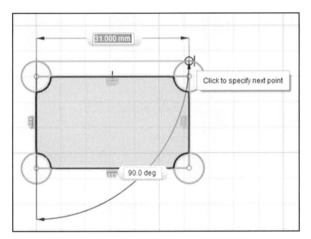 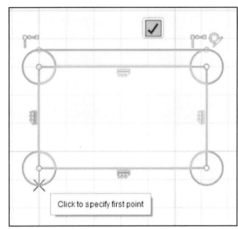

07 위의 그림과 같이 모두 Polyline을 그어줍니다.

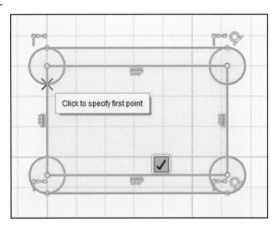 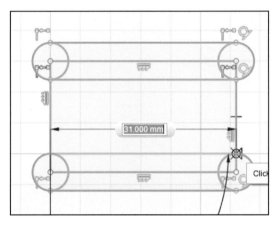

08 만들어진 스케치를 Shift + D 키를 눌러 중앙으로 보냅니다.

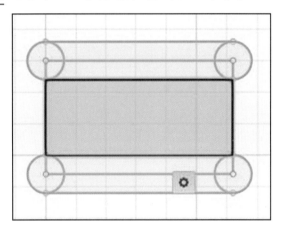 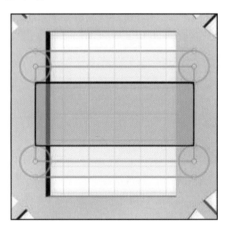

09 드론이 아랫부분이 보이도록 뒤집은 상태로, 표시한 부분을 2mm만큼 Extrude하여 차집합이 되도록 합니다.

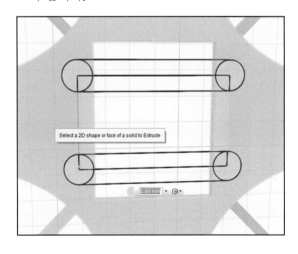 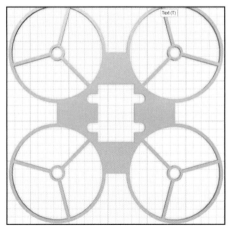

3) 드론 날개 커버

01 Primitives에서 hemisphere(반구)를 선택하세요. 그리고 반지름 31mm의 반구를 그린 뒤 Shift+D 키를 눌러 중앙으로 보냅니다.

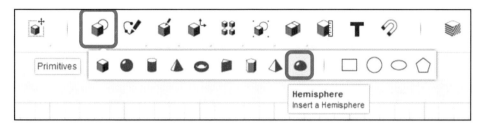

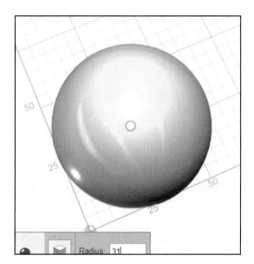

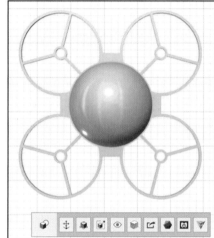

02 아래 박스에서 Move를 클릭하여 반구가 드론에 잘 덮이는지 확인해봅시다. 가로 −37.5, 세로 37.5만큼 이동시킵니다.

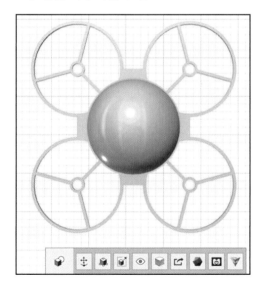

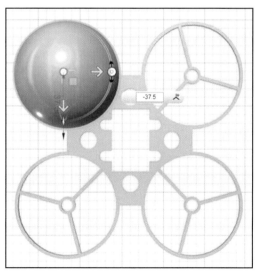

03 반구의 모양 변형을 위해 드론 바디 옆으로 옮기고 View Cube로 아랫면이 보이도록 합니다. 다음 반구의 아랫면을 선택하고 설정에서 Shell을 클릭합니다.

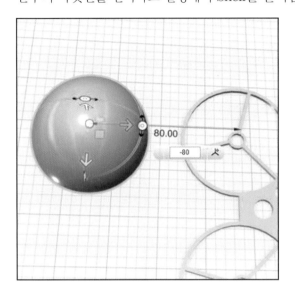 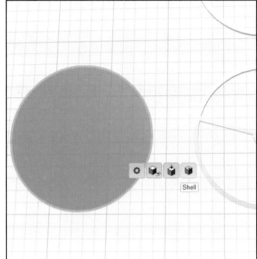

04 이제 두께를 줄 것입니다. Thickness Inside에 2를 입력합니다. 그리고 Sketch 메뉴의 Project를 누르고 3차원 반구를 클릭합니다. 그리고 오른쪽 그림과 같이 테두리를 선택합니다.

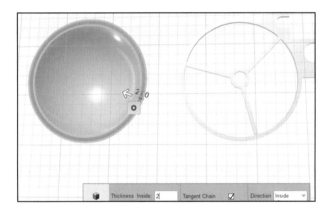 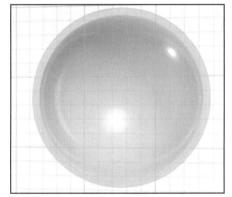

05 아래와 가로 선도 '28'과 같이 그려줍니다. 그리고 가운데 그림과 같이 선택한 부분을 반구를 그릴 때 사용한 치수보다 큰 치수를 음수로 입력하여 사라지게 합니다.

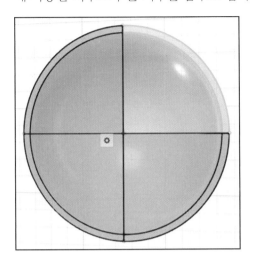 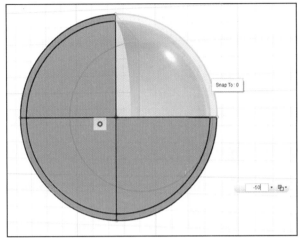

06 View Cube로 위가 보이도록 돌리고, 아랫부분의 스케치를 선택하여 높이에 해당하는 축을 누른 뒤 높이를 −15만큼 올립니다.

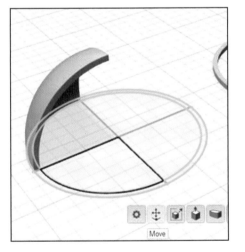 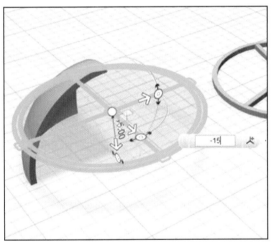

07 올라간 스케치의 면 중에서 반구가 남아있는 쪽의 면을 선택하고 윗부분을 모두 제거할 만큼 Extrude합니다.

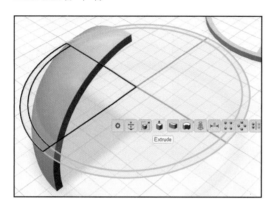 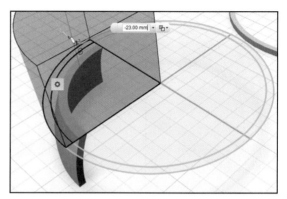

08 Move를 이용하여 반구를 옆으로 옮겼던 만큼 다시 옮겨 드론 위에 안착시킵니다.

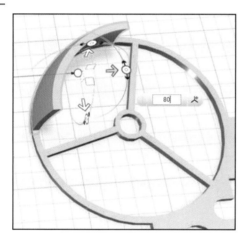

09 빈 공간에 Polyline으로 가로, 세로 두 칸씩 선을 그립니다. 그리고 Shift + D 키를 눌러 중앙으로 보냅니다. 날개 커버를 미러링할 준비 작업입니다.

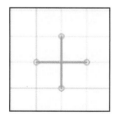 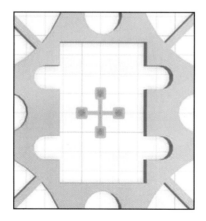

10 먼저 세로축으로 미러링한 뒤 가로축을 클릭하여 미러링하여 날개 커버를 완성합니다. 위의 그림 과 같이 드론 바디에 동그라미 네 개를 뚫으면 드론의 경량화는 물론, 출력에 소모되는 시간과 재 료를 아낄 수 있습니다.

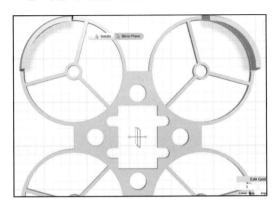 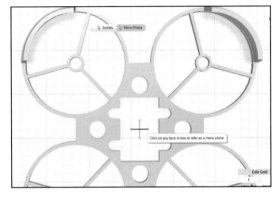

11 완성!!

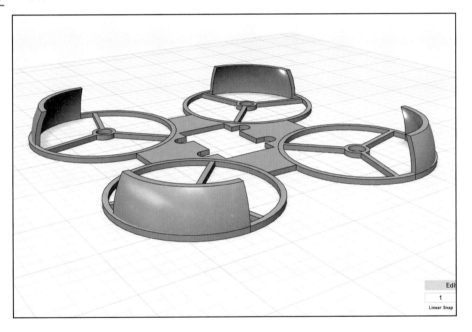

CHAPTER 03

3D 프린트된 드론 비행하기

[학습 목표]
- "클릭했을 때" 명령 블록을 이용하여 드론이 목적지에 도달할 수 있도록 코딩할 수 있다.

1 드론 비행 유의사항

❶ Chapter3에서 배울 드론 비행은 코딩보드나 키보드를 사용하지 않고, "클릭했을 때" 명령 블록을 클릭하면 드론이 비행되도록 할 것입니다.

```
클릭했을 때
1 번 반복하기
    드론 프로펠러를 70 세기로 돌리기
    드론을 앞뒤 ▼ 방향 1 세기로 움직이기
    드론을 좌우 ▼ 방향 0 세기로 움직이기
    1 초 기다리기
1 번 반복하기
    드론 프로펠러를 100 세기로 돌리기
    드론을 앞뒤 ▼ 방향 2 세기로 움직이기
    드론을 좌우 ▼ 방향 3 세기로 움직이기
    1 초 기다리기
```

❷ 스크래치 코딩할 때 드론 프로펠러의 세기는 최대 200까지 설정할 수 있으나 안전을 위해 최대 세기를 150이하로 설정하세요.

❸ 배터리의 잔량에 따라 드론 프로펠러의 세기가 다를 수 있습니다. 배터리 잔량을 확인하고 수시로 충전해야 합니다. 그리고 메인보드에 배터리를 제대로 끼웠는지 확인해야 드론이 비행할 때 문제가 발생하지 않습니다.

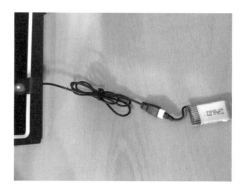

❹ 드론을 비행시키다가 급정지하여, 높은 곳에서 아래로 떨어지게 되면 메인보드가 손상될 수 있습니다.

❺ 드론 모터에 달린 프로펠러를 향해 입으로 바람을 불었을 때, 프로펠러가 회전되지 않으면 고장 난 것입니다. 드론을 비행시키다가 정지시켰을 때 모터의 프로펠러가 멈추는 순서가 다른 것 또한, 고장 난 것임을 알 수 있습니다.

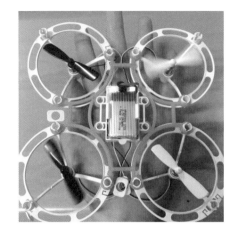

❻ 드론의 이음새를 확인하여 중심이 기울지 않도록 합니다.

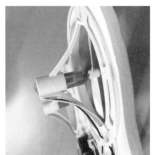

❼ 모터에 끼인 이물질(머리카락, 먼지 등)을 확인하고 제거합니다.

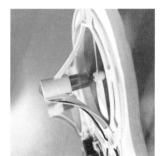

❽ COM 포트의 연결이 되지 않을 때에 해야 할 방법입니다. ㄱ의 방법으로도 안 된다면, ㄴ의 방법을, 마지막에 ㄷ방법을 이용하세요.

   ㄱ. 컴퓨터를 재부팅한다.

   ㄴ. USB 포트를 바꾼다.

   ㄷ. USB 선을 교체한다.

2 1초 코딩하기

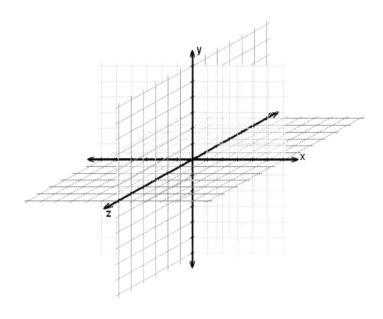

위의 그림은 x, y, z축을 나타냅니다.

❶ 메인보드에서의 좌/우 방향을 나타내는 것은 x축과 같습니다. 드론을 오른쪽으로 이동하고 싶다면 양수
의 값을, 왼쪽으로 이동하고 싶다면 음수의 값을 입력합니다.

❷ 메인보드에서의 앞/뒤 방향을 나타내는 것은 y축과 같습니다. 드론을 앞으로 이동하고 싶다면 양수의 값
을, 아래로 이동하고 싶다면 음수의 값을 입력합니다.

❸ 메인보드에서의 상/하를 나타내는 것은 z축과 같습니다. 드론을 위로 뜨게 하고 싶다면 양수의 값을, 아
래로 내려가게 하고 싶다면 음수의 값을 입력합니다.

1) "클릭했을 때" 1초 동안 앞으로 나아가기

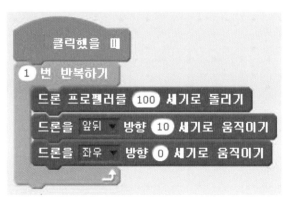

· 왼쪽의 그림과 같이 코딩하여 마우스로 "클릭 했
을 때" 명령 블록을 누르면, 드론이 1초 동안 앞으
로 나아가며 비행하는지 확인해 보세요.

2) 손 위에 드론 착지시키기

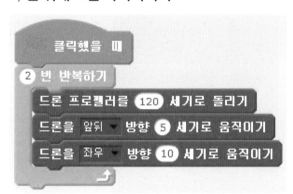

· 1초 코딩 방법을 응용하여 책상 위에 놓은 드론을 띄워 손위에 착지시켜보세요.

왼쪽의 그림은 예시입니다. "1초 기다리기"블록을 제외한 조건들을 변경해보세요. "1초 기다리기" 블록을 삭제하면 블록의 반복이 불가능하므로 이 블록을 변경사항 없이 코딩하세요.

3 A에서 B지점으로 드론 비행

· 실외 또는 실내의 넓은 공간에서 A, B 지점을 지정하고, 클릭했을 때 한 번에 지정된 위치로 이동하도록
코딩하여 비행해봅시다.

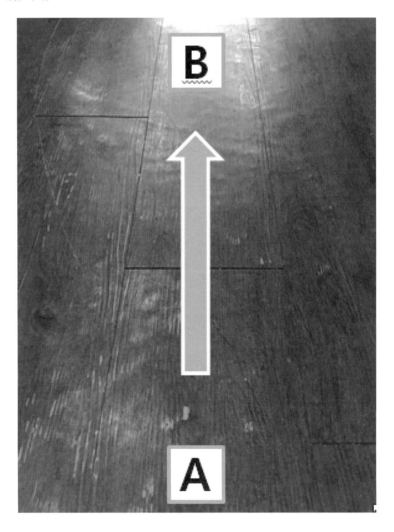

· 오른쪽 페이지의 그림과 설명은 예시이므로 본인이 지정한 위치에 드론이 도달할 수 있도록 자유롭게 코딩
해보세요.

예시 ≫

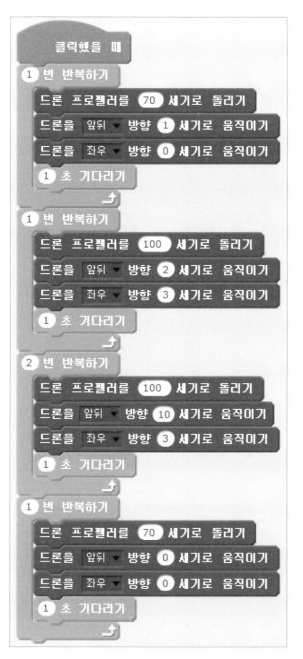

❶ 드론이 수직상승 하기 전 준비를 하는 동작입니다. 한 번에 속력을 높이게 된다면 천장에 닿거나 너무 높이 날아올라 버릴 수 있기 때문입니다. 드론을 비행하고 싶은 프로펠러 세기보다 낮게 설정하세요.

❷ 드론을 수직상승 하기 위한 코딩입니다. 드론이 수직상승을 하지 않고 기울어져 비행한다면 앞뒤 방향 또는 좌우방향 블록의 프로펠러 세기를 조절하여 수직상승할 수 있도록 코딩하세요.

❸ A 지점에서 수직상승한 드론을 B 지점으로 비행하기 위한 코딩입니다. 앞으로 이동해야하므로 드론의 앞뒤 방향 세기를 10으로 설정하고 2번 반복하였습니다.

❹ B 지점에 도착한 드론을 서서히 착륙시키기 위하여 드론 프로펠러 세기를 낮추어줍니다.

CHAPTER 04

3D 프린트된 드론 응용비행

[학습 목표]

· "클릭했을 때" 명령 블록을 이용하여 드론이 목적지에 도달할 수 있도록 코딩할 수 있다.

1 땅바닥에서 수직상승하기

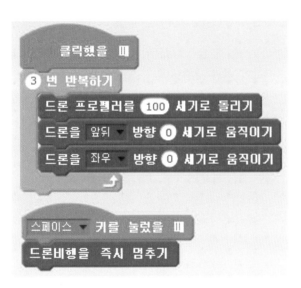

· 왼쪽의 그림은 드론을 3초 동안 수직상승 비행하는 코딩입니다. 드론이 수직으로 떠오르지 않는다면 드론의 방향을 어떻게 조절해야 할까요?

❶ 드론이 뒤로 치우쳐 비행할 경우

예)

드론의 앞/뒤 방향은 y축과 같습니다. 드론이 뒤로 치우쳐 비행할 때에는 앞으로 가도록 조절해주어야 하기 때문에 양수의 값을 입력해야 합니다.

❷ 드론이 앞으로 치우쳐 비행할 경우

예)

드론의 앞/뒤 방향은 y축과 같습니다. 드론이 앞으로 치우쳐 비행할 때에는 뒤로 가도록 조절해주어야 하기 때문에 음수의 값을 입력해야 합니다.

❸ 드론이 왼쪽으로 치우쳐 비행할 경우

예)

드론의 좌/우 방향은 x축과 같습니다. 드론이 왼쪽으로 치우쳐 비행할 때에는 오른쪽으로 가도록 조절해주어야 하기 때문에 양수의 값을 입력해야 합니다.

❹ 드론이 오른쪽으로 치우쳐 비행할 경우

예)

드론의 앞/뒤 방향은 y축과 같습니다. 드론이 오른쪽으로 치우쳐 비행할 때에는 왼쪽으로 가도록 조절해주어야 하기 때문에 음수의 값을 입력해야 합니다.

· 드론이 수직상승할 수 있는 프로펠러 세기의 값은 개인에 따라 다를 수 있으니 알맞게 조절해보세요.

2 A에서 B 지점으로 갔다가 A 지점으로 돌아가기

· 실외 또는 실내의 넓은 공간에서 A, B 지점을 지정하고, 클릭했을 때 한 번에 지정된 위치로 이동하도록
  코딩하여 비행해봅시다.

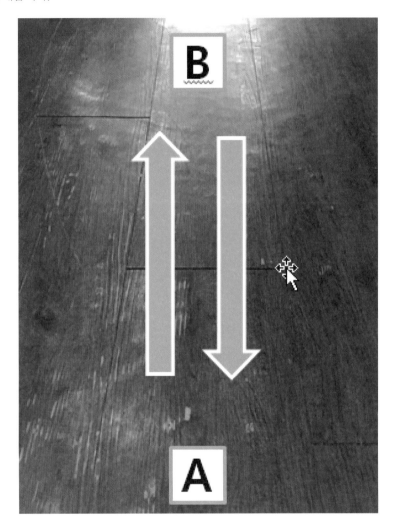

· 다음 페이지의 그림과 설명은 예시이므로 본인이 지정한 위치에 드론이 도달할 수 있도록 자유롭게 코딩해
  보세요.

예시 ≫

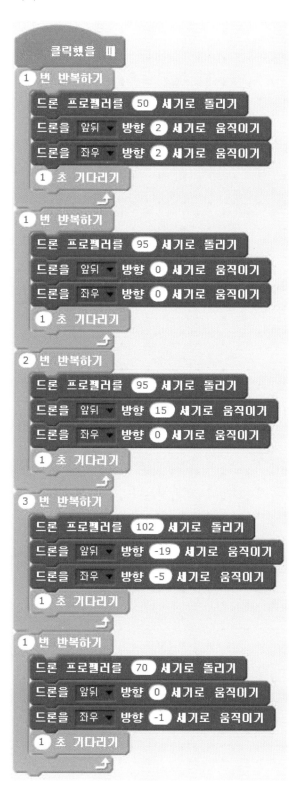

❶ 드론이 수직상승 하기 전 준비를 하는 동작입니다. 한 번에 속력을 높이게 된다면 천장에 닿거나 너무 높이 날아올라 버릴 수 있기 때문입니다. 드론을 비행하고 싶은 프로펠러 세기보다 낮게 설정하세요.

❷ 드론을 수직상승 하기 위한 코딩입니다. 드론이 수직상승을 하지 않고 기울어져 비행한다면 앞뒤 방향 또는 좌우방향 블록의 프로펠러 세기를 조절하여 수직상승할 수 있도록 코딩하세요.

❸ A 지점에서 수직상승한 드론을 B 지점으로 비행하기 위한 코딩입니다. 앞으로 이동해야하므로 드론의 앞뒤 방향 세기를 설정하고 2번 반복하였습니다.

❹ B 지점에 있던 드론을 다시 A 지점으로 돌아오도록 드론의 앞뒤 방향 세기를 설정하고 2번 반복하였습니다.

❺ B 지점에 도착한 드론을 서서히 착륙시키기 위하여 드론 프로펠러 세기를 낮추어 줍니다.

메이커 코딩
프로젝트

PART 06

드론의 모터 및 날개와 3D프린터를 활용하여 다양한 제품을 만들어 봅니다. 즉 드론부품을 활용한 전기배, 전기자동차등 학생들의 아이디어를 실현 할수 있는 다양한 형태의 제품들을 만들 수 있습니다.

CHAPTER 01

LED 핸디 선풍기

[학습 목표]

- 123D Design 프로그램을 이용하여 핸디 선풍기를 모델링할 수 있다. 모델링한 선풍기를 3D 프린터로 출력할 수 있다.

1 LED 핸디 선풍기 모델링(고양이)

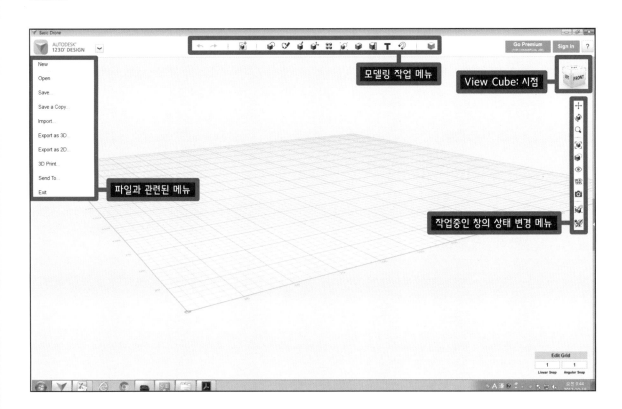

← →	작업한 명령을 한 단계 전으로 되돌릴 때 사용/취소한 명령을 원래대로 돌릴 때 사용
	변형(Transform) : 물체의 이동 및 회전, 확대와 축소를 할 때 사용
	기본 도형(Primitive) : 도형들을 빠르고 쉽게 생성하는 메뉴
	스케치(Sketch) : 다양한 도형 그리기
	작성(Construct) : 이미 만들어진 도형의 면을 이용해 변형시키는 메뉴
	편집(Modify) : 이미 만들어진 도형의 형상을 변형시키는 메뉴
	패턴(Pattern) : 도형을 복사 및 가로세로로 배열하는 메뉴
	그룹(Grouping) : 여러 개의 도형 및 물체를 그룹으로 묶는 메뉴
	결합(Combine) : 2개의 물체를 하나로 합치기
	조절(Adjust) : 물체에 대해 자세한 수치와 세부사항을 알 수 있는 메뉴
T	텍스트(Text) : 글자를 사용하는 메뉴
	스냅(Snap) : 물체를 붙이는 메뉴
	재질(Material) : 물체의 색상과 소재(나무, 철 등)를 결정하는 메뉴

1) 선풍기 건전지 케이스

01 기준선이 될 150mm의 세로선을 그리고 Shift + D 키를 눌러 중앙으로 보냅니다.

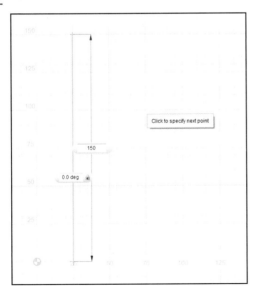
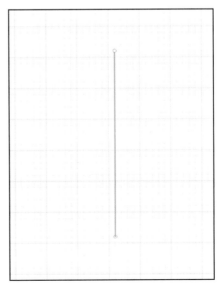

02 지름 5mm의 원을 그리고 '1'과 마찬가지로 중앙으로 보냅니다.

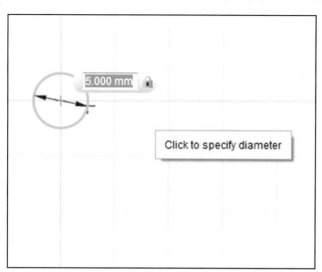 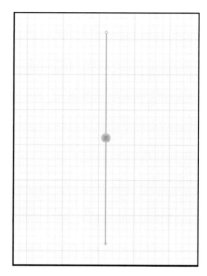

03 이제 몸통의 케이스와 모터를 지지할 기준을 만들 것입니다. 원점에서 가로 41mm, 세로 67.5mm 의 직사각형을 그립니다. 그리고 왼쪽 상단 모서리에 8.75mm만큼 직선을 그어 기준점을 만듭니다.

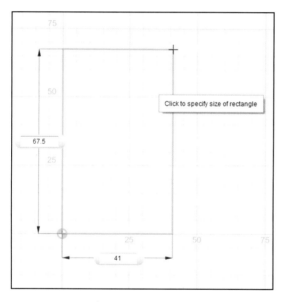 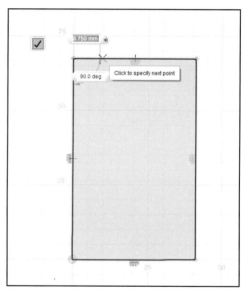

04 '3'에서 생성된 기준점에서 가로 23.5mm, 세로 19mm만큼의 직사각형을 그립니다.

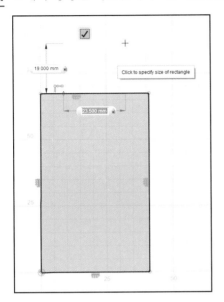 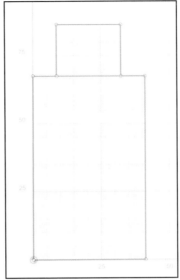

05 Sketch 메뉴에서 Offset 툴을 이용하여 각 사각형들을 안쪽으로 2mm만큼 Offset합니다. 그리고 Polyline 툴을 이용하여 작은 사각형 중앙에 가로, 세로 선을 그어줍니다.

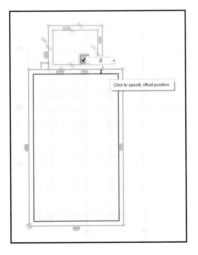 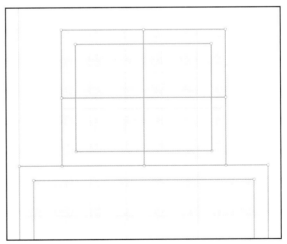

06 '5'에서 그린 가로, 세로 선의 중앙에 지름 5mm의 원을 그립니다.

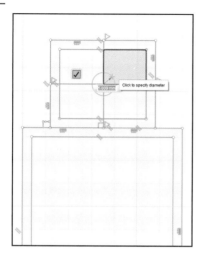 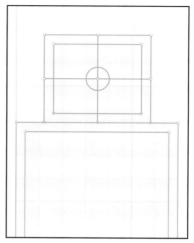

07 '6'에서 그린 원의 중심에서 60mm만큼 선을 올립니다. 그리고 그 점에서 Sketch 메뉴의 Sketch Ellipse 툴을 선택하여, 선을 클릭하고 중점을 클릭합니다.

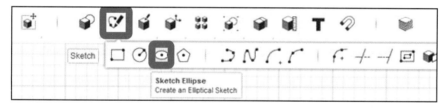

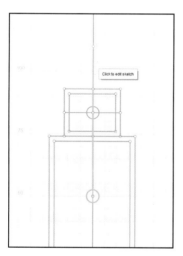 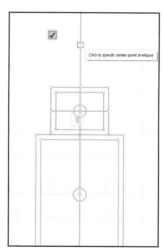

2) 고양이 얼굴 스케치

01 가로는 28mm로 입력하여 클릭한 후, 화살표를 아래로 내려서 세로 값을 20mm로 입력합니다.

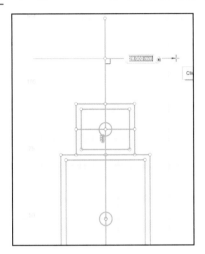 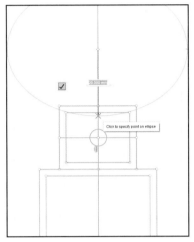

02 Sketch 메뉴의 Spline 툴을 이용하여 고양이 눈을 그려봅시다. 눈을 그릴 때 중심선에서 오른쪽으로 한칸 나아가 시작하며 점 세 개를 찍어 호를 그려줍니다.

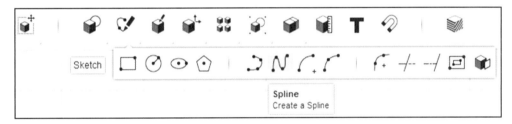

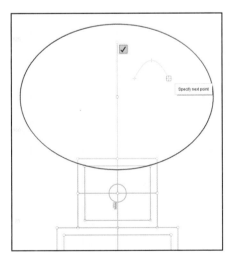

03 Offset 툴을 이용하여 '9'에서 그린 호의 윗부분으로 1mm만큼 올려줍니다. 그리고 Polyline 툴을 이용하여 2개의 호의 끝을 연결하여 닫아줍니다. 완성된 눈은 왼쪽에도 눈이 생성되도록 미러링합니다.

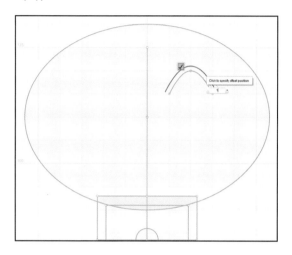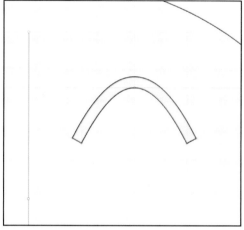

04 고양이 코와 수염을 그려봅시다. 타원의 중점에서 지름 3mm의 원을 그립니다. 그리고 지름 3mm 원의 한 칸 아래에서 오른쪽으로 호를 그려줍니다.

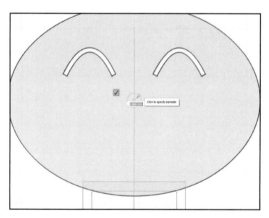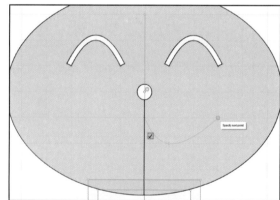

05 오른쪽에만 그려진 수염을 왼쪽에도 같은 방법으로 그린 후, 선을 클릭하여 아래로 1mm만큼 Offset합니다. 그리고 Polyline 툴을 이용하여 끝을 연결하여 닫아줍니다.

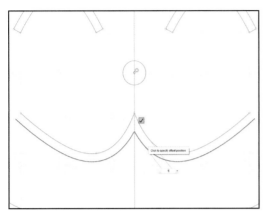 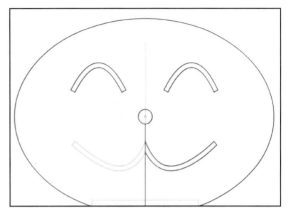

+ 플러스 Tip

123D Design 프로그램의 모든 단위는 mm입니다.

06 고양이의 귀를 그려봅시다. 모눈종이에서 타원과 모눈종이의 기준이 만나는 점에서 시작합니다. 그리고 약 두 칸 위의 모눈종이에 클릭한 타원과 접하는 곳에 마우스를 올려 각도를 60으로 입력합니다. 반대쪽도 같이 만듭니다.

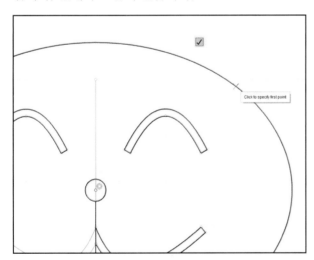 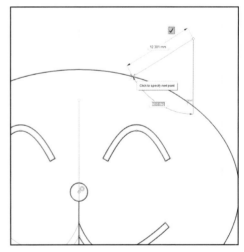

3) 고양이 몸통 만들기

01 Spline 툴을 이용하여 몸통을 그려봅시다. 큰 사각형의 오른쪽 맨 아래에서 오른쪽으로 4칸, 위로 3칸으로 이동하여 마우스를 클릭합니다. 이어서 작은 사각형의 오른쪽 윗귀퉁이까지 올립니다.

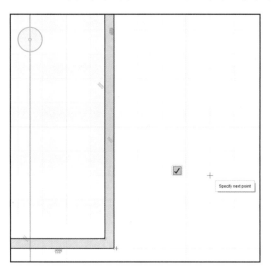
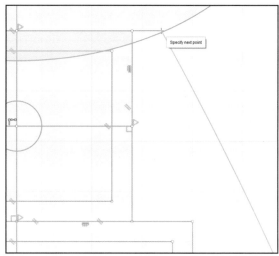

02 '14'에서 그린 선을 클릭하여 안쪽으로 4mm만큼 Offset합니다.

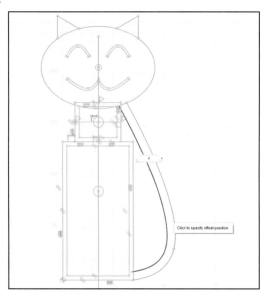
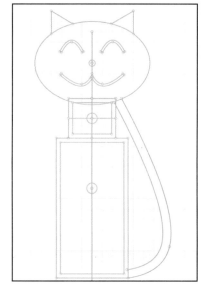

03 윗부분의 선을 Polyline으로 그리면 끝점이 닫히게 됩니다. 반대편도 같이 그려줍시다.

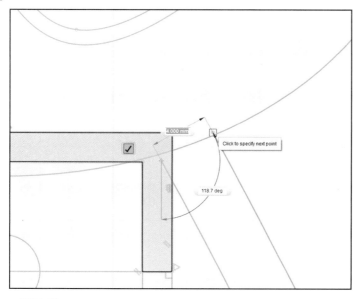 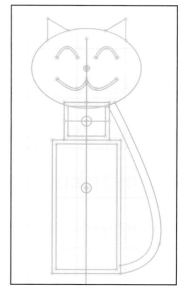

+ 플러스 Tip

스케치를 했는데 왼쪽사진처럼 비어있다면 Extrude가 되질 않아요. 비어있는 스케치를 찾아서 잘 닫아주세요.

04 고양이의 꼬리를 그려봅시다. 자유롭게 스케치해보세요.

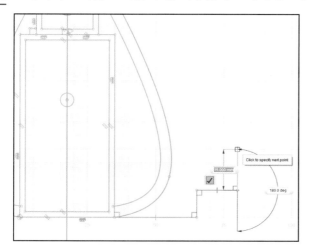 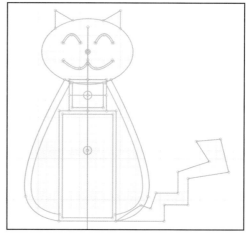

05 완성된 스케치에 눈, 코, 입을 제외하고 2mm만큼 Extrude합니다. 배터리 케이스는 7mm만큼 Extrude합니다. 그리고 View Cube를 아래로 돌려서 오른쪽의 그림과 같은 부분을 클릭하여 Extrude합니다. 즉, 면이 비워지도록 뚫는 것입니다.

 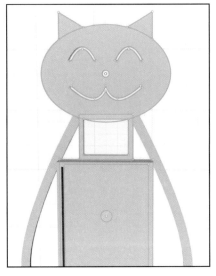

+ 플러스 Tip

123D를 이용하다 화면이 제멋대로 돌아간 경우 오른쪽 위에 있는 View Cube에 있는 집 모양을 눌러보세요.

06 '18'에서 뚫은 부분에는 날개를 달기 위한 모터 지지대를 만들 것입니다. 아랫면이 보이도록 돌려, 왼쪽 그림과 같은 부분을 클릭하여 Merge를 클릭한 후 Extrude합니다.

4) 선풍기 바디 지지대

01 Polyline 툴을 이용하여 150mm의 선을 그리고 Shift+D 키를 눌러 중앙으로 보냅니다. 그리고 빈 공간에 가로 6mm, 세로 2mm의 직사각형을 그리고 20mm만큼 Extrude합니다.

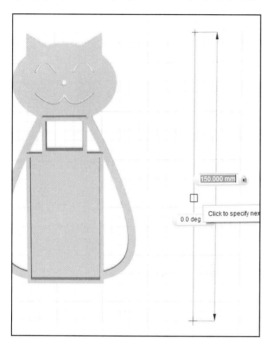

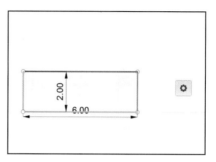

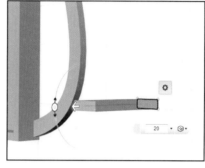

02 Shift+D 키를 눌러 중앙으로 보낸 후, Move를 눌러 건전지 케이스의 밑바닥과 연결되도록 이동합니다.

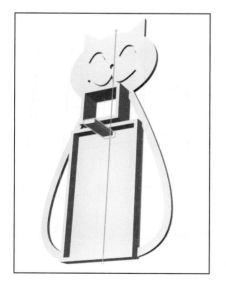

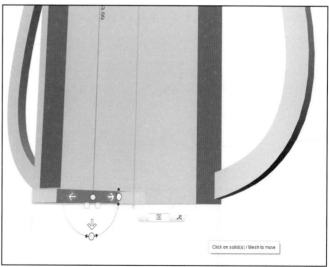

03 중앙에서 오른쪽으로 15mm만큼 이동합니다.

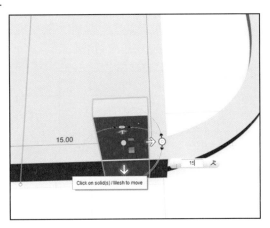 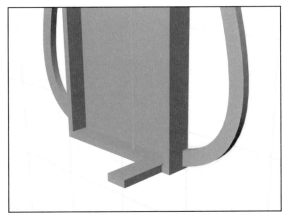

+ 플러스 Tip

물체를 안정적으로 세우기 위해선 최소 3점 지지가 되도록 하는 게 좋아요. 여기선 바디와 왼쪽, 오른쪽 지지대가 되겠지요.

04 '03'에서 만든 것을 선택하여 왼쪽으로 미러링합니다. 솔리드를 선택하고 중심축을 잡아 미러링합니다.

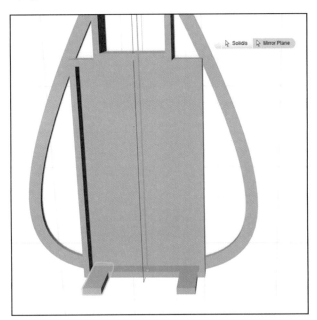 

5) 모서리 깎아내기(Fillet)

01 Modify 메뉴에서 Fillet 툴을 이용하여 모서리를 부드럽게 깎아냅니다. 원하는 변을 클릭하고 각도를 넣는 부분에 값을 넣으면 미리보기로 나타납니다. Enter를 누르면 미리보기에서 본 것이 적용됩니다.

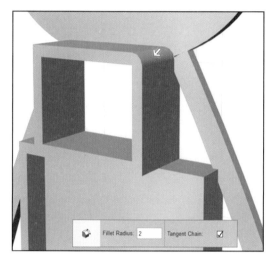
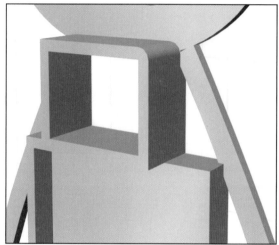

02 여러 곳의 모서리를 한 번에 깎으려면, Fillet을 클릭하고 깎아낼 변들을 Ctrl 키를 누르며 선택해 보세요.

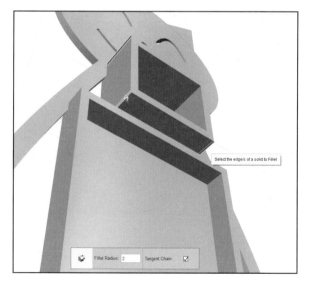
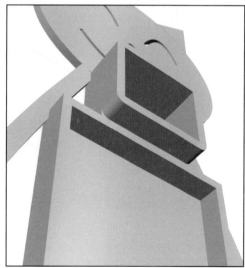

03 고양이 목 부분도 모서리를 깎아냅니다.

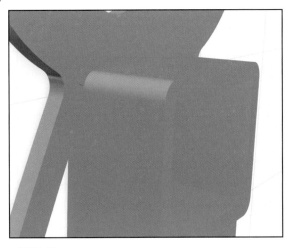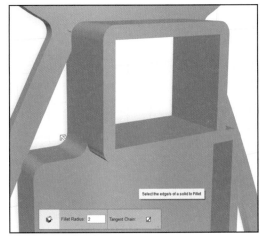

+ 플러스 Tip

직각으로 꺾이는 부분을 Fillet을 이용하여 다듬어 주면, 단순히 부드럽게 보이는 것뿐만 아니라 외부에서 힘이 가해졌을 때 파손될 염려가 줄어든답니다.

04 고양이의 뾰족한 귀를 다듬어 봅시다. 두 귀의 값을 바꿔가며 다듬어 봅니다.

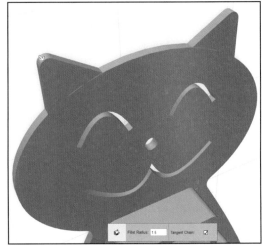

05 응용하여 모터가 들어갈 부분의 안쪽에도 다듬어 봅시다. 안쪽 변을 모두 클릭하여 1을 값으로 입력합니다.

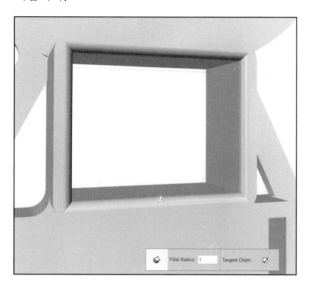

06 바깥 부분 또한, 값을 1로 정하여 모깎기를 하려 할 때, 오류가 뜹니다. 이것은 바깥에서 안으로 다듬으려고 하는데, 안쪽 변이 이미 모깎기가 되어있기 때문입니다. 이럴 경우, 값을 작게 주면 오류가 생기지 않습니다.

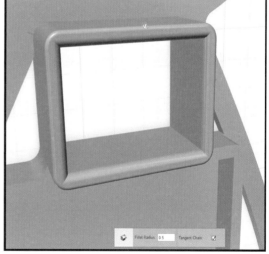

07 건전지 케이스 부분을 다듬어 봅시다. 바깥 변의 값을 1로 입력하고, 안쪽의 한쪽 면(오른쪽)은 0.5의 값을 주고, 다른 한 쪽(왼쪽)은 1로 값을 줍니다.

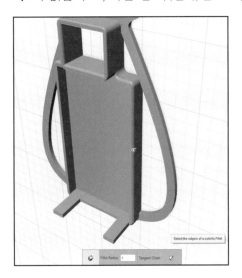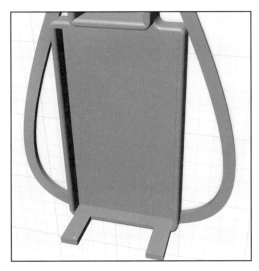

08 지지대를 다듬고, 전체적으로 매끄럽게 다듬어 봅시다. 그 외의 부분도 자유롭게 다듬어 보세요.

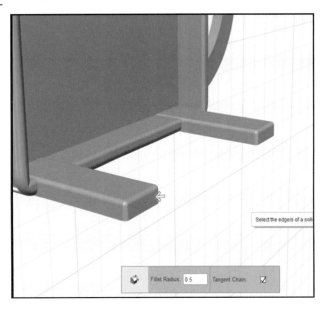

6) 글자 입력하기

01 배터리 케이스 부분에 글자를 넣어 봅시다. Text를 클릭하고 선풍기 바디를 클릭합니다. 글자가 거꾸로 나온다면 오른쪽 사진에 보이는 흰색 원을 클릭하여 회전해 보세요.

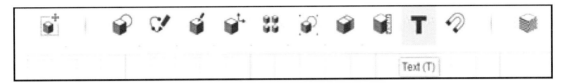

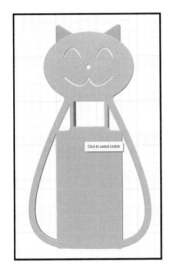
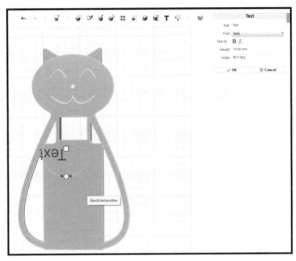

02 Text 박스에서 하고 싶은 말을 입력합니다. 글꼴 또한, 원하는 글꼴로 입력해 보세요.

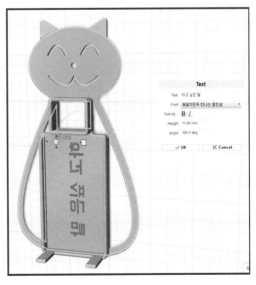

03 입력한 글자를 클릭하여 Extrude 하면 그만큼 파이게 됩니다. 설정표시 아이콘에서 Extrude Text 를 클릭하세요.

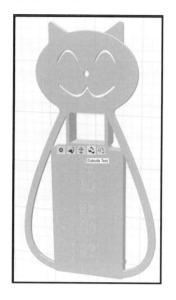 

+ 플러스 Tip

만약 글자가 Extrude 되지 않는다면 글꼴을 바꿔보세요.

7) 보조 지지대 만들기

01 가로 19mm, 세로 14mm의 직사각형을 그린 후 Polyline으로 가로, 세로 선을 그립니다. 그리고 중앙에 지름 7mm의 원을 그립니다.

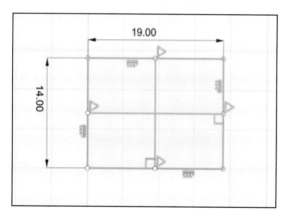 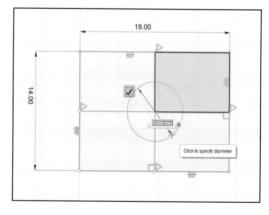

02 Polyline으로 원의 중심에서 왼쪽으로 7mm만큼의 직선을 그립니다. 그리고 직선을 그려 생성된 점을 기준으로 지름 2mm의 원을 그립니다.

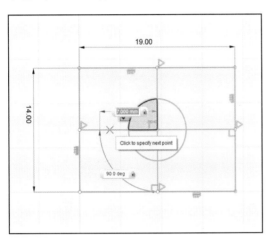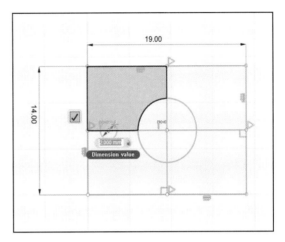

03 '36'에서 그린 원을 6mm만큼 Extrude합니다. 그리고 가운데의 원을 제외하고 나머지 부분을 클릭하여 2mm만큼 Extrude합니다.

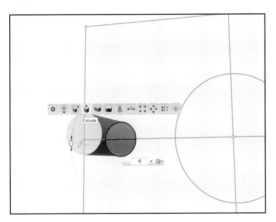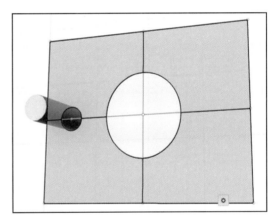

04 Merge를 눌러 합집합을 만들고, 스케치는 삭제합니다.

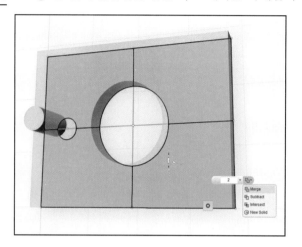 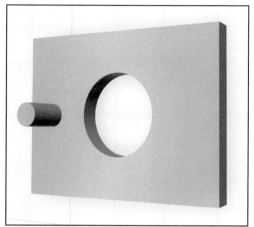

05 보조 지지대를 선풍기 바디에 가까이 옮기면 완성입니다.

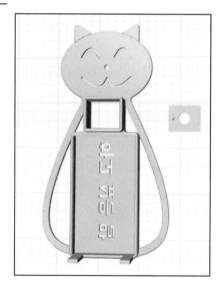

2 LED 핸디 선풍기 조립하기

01 LED 선풍기 조립을 위한 구성품 으로는 3D 모델링 후 출력한 바 디, 보조 지지대, 모터와 배터리 케이스, 스프링, 코딩(LED 표현) 날개가 있습니다.

02 먼저 바디에 있는 보조 지지대에 모터를 끼워봅시다. 스프링은 바 닥에 내려두고, 모터를 끼워보세 요. 딱 맞게 설계되어 있어 별도 의 고정부가 필요하지 않습니다.

03 보조 지지대가 들어갈 수 있는지, 앞으로 돌려서 모터가 튀어나가 지 않았는가 확인하세요.

04 바닥에 내려두었던 스프링을 끼워보세요. 옆에서 보면 스프링과 날개의 금속판이 닿아있는 것을 볼 수 있습니다.

05 스프링이 연결된 후의 앞모습을 확인하고, 건전지 케이스에 건전지를 끼워보세요.

06 그리고 건전지 케이스를 몸체에 끼운 후 배선을 테이프를 이용해 정리하면 완성입니다.

+ 플러스 Tip

다음 차시에서 만드는 선풍기들도 같은 방법으로 조립해 보세요.

3 LED 핸디 선풍기 글자 수정

01 3D지니램프 카페에 접속합니다. http://cafe.naver.com/incom2794 접속 후 가입합니다. 왼쪽의 게시판 카테고리에서 '3D드론활용교육자료'를 클릭합니다.

02 'LED 핸디 선풍기 문구 넣기' 게시글에서 첨부파일을 클릭하여 프로그램을 다운받습니다.

03 다운로드된 창이 열리면 '압축풀기'를 클릭하고 압축 풀 위치를 바탕화면으로 선택한 후 확인 버튼을 클릭합니다.

04 압축을 푼 폴더가 열리면 'LedFan' 파일을 더블클릭합니다.

05 오른쪽 상단 Language의 English 버튼을 클릭하여 한국어를 선택합니다.

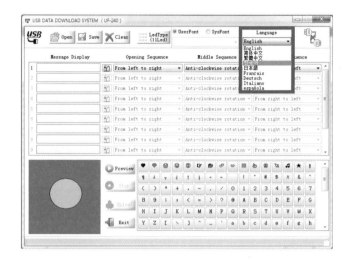

06 표시 문자열에 텍스트를 입력하여 LED로 나타낼 수 있습니다. 한글은 13자, 영문은 20자 입력이 가능하며, 총 9개 화면 편집이 가능합니다.

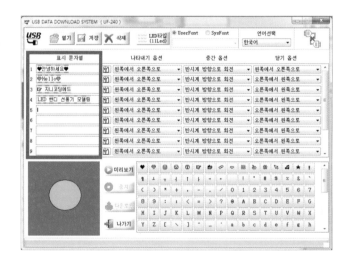

07 나타내기 옵션, 중간 옵션, 닫기 옵션은 '▼' 버튼을 눌러 변경할 수 있습니다.

08 '미리보기' 버튼을 클릭하면, 문자 표시열에 입력했던 텍스트가 LED 선풍기 상에서 나타나는 모습을 미리 확인할 수 있습니다.

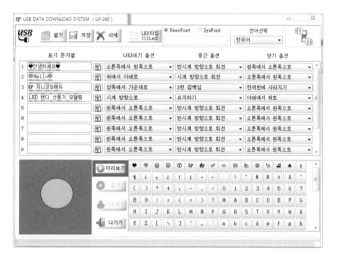

09 안드로이드 케이블을 LED 선풍기와 컴퓨터 본체에 연결하고 '다운로드' 버튼을 클릭하면 텍스트 코딩이 완성됩니다.

메이커코딩미프로젝트

PART 06

LED 핸드 비행기

[학습 목표]
• 123D Design 프로그램을 이용하여 핸디 비행기를 모델링할 수 있다. 모델링한 비행기를 3D 프린터로 출력할 수 있다.

1) 선풍기 바디 스케치

01 모델링을 반쪽만 한 후 Extrude하고, Extrude한 모델을 미러링하여 비행기 모양 선풍기 바디를 만들어 봅시다. 원점에서 가로 20.5mm, 세로 67.5mm의 직사각형을 그립니다. 그리고 안쪽으로 2mm만큼 Offset합니다.

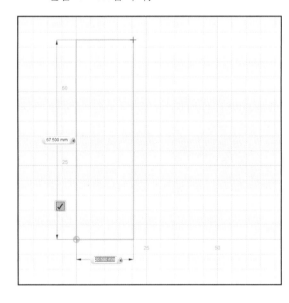
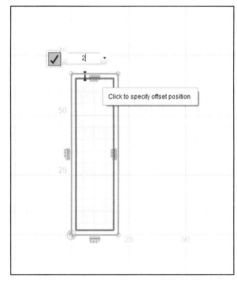

02 Polyline 툴을 이용하여 해당 스케치를 클릭합니다. 그리고 표시된 점에서 아래로 직사각형을 그립니다.

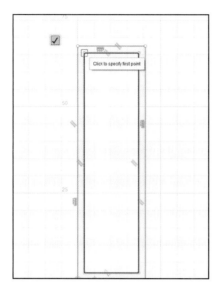 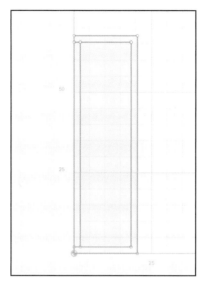

03 사각형 옆으로 날개를 그려봅시다. Polyline 툴을 이용하여 직사각형의 오른쪽 상단에서 아래로 19mm만큼 내려옵니다. 그리고 오른쪽으로 38mm 길이의 직선을 그린 후 직사각형의 오른쪽 상단 꼭짓점에 이어 직각 삼각형이 되도록 그립니다.

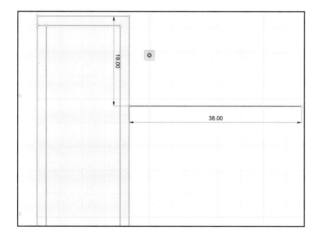 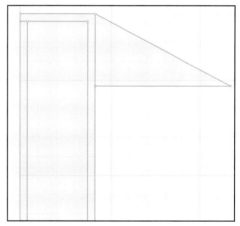

04 '3'에서 그린 직각 삼각형을 안쪽으로 2mm만큼 Offset 합니다.

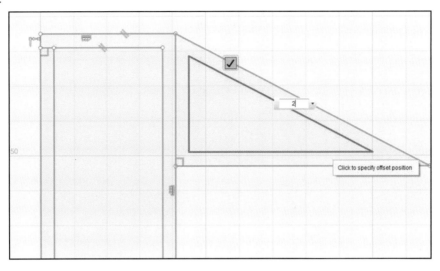

이후에 Offset 한 부분만큼을 Extrude 하지 않는다면 재료 절약은 물론 시간도 줄이는 일석이조의 효과가 나겠지요.

05 모터를 고정하는 부분과 몸통을 이어줄 부분을 만들어 봅니다. 직사각형의 왼쪽 상단에 가로 11.75mm, 세로 5mm의 직사각형을 그립니다. 그리고 바로 위에 가로 11.75mm, 세로 27mm의 직사각형을 그립니다.

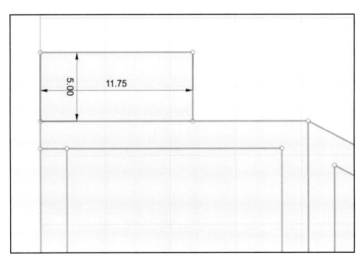 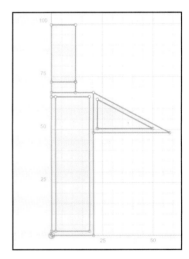

06 비행기의 꼬리를 만들어 봅시다. 큰 직사각형의 왼쪽 하단에서 아래로, 가로 5mm, 세로 30mm의 직선 두 개를 그립니다. 그리고 가로로 5mm만큼 그린 직선의 점에서 꼬리처럼 보이도록 아래로 내려 각도를 줍니다.

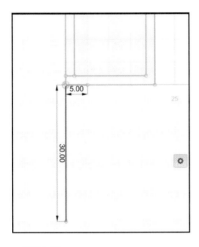 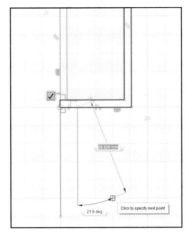 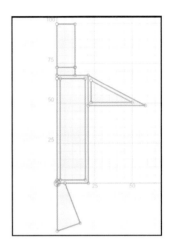

+ 플러스 Tip

비행기의 꼬리 날개 부분을 그리는 거예요. 교재에서 그리는 스케치를 바탕으로 내가 더 예쁜 날개를 그릴 수도 있겠지요.

2) 선풍기 바디 만들기

01 전체를 드래그하여, 2mm만큼 Extrude합니다.

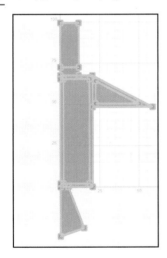 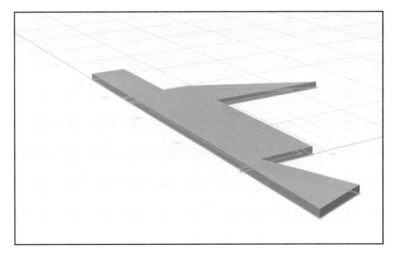

02 모델을 아래로 뒤집어서 왼쪽의 그림과 같은 영역을 선택하여 Extrude합니다. 이때 반드시 Merge 를 클릭하세요.

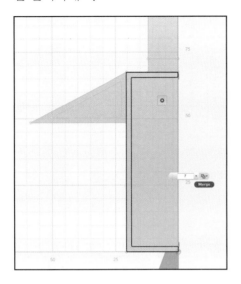

03 아랫면에서 Polyline 툴을 이용하여 스케치를 더 그려봅시다. 왼쪽 그림과 같은 부분을 선택하여 해당 점을 클릭하고 오른쪽 가로로 5mm만큼 그은 다음 아래로 쭉 그려줍니다.

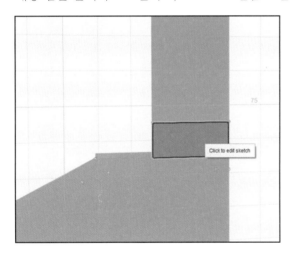
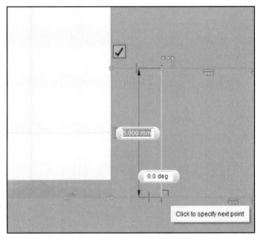

04 '9'에서 그린 부분을 Merge를 누르고 6mm만큼 Extrude합니다. 시점을 돌려보면 오른쪽 그림과 같이 보입니다.

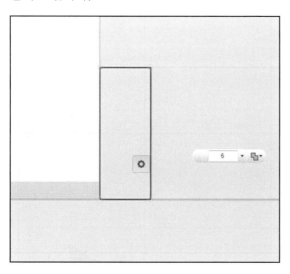 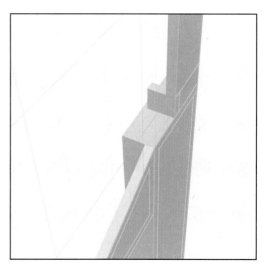

+ 플러스 Tip

내가 그린 스케치를 잡고 싶은데 잘 잡히지 않는다면 View Cube를 이용하여 뒷면으로 돌려 본다면 잘 잡을 수 있답니다.

05 다시 앞면으로 돌아와서 반쪽만 만들어진 날개를 미러링해 봅시다. 전체를 Extrude하였기 때문에, 날개만 선택할 수 없습니다. 그래서 Grouping 메뉴의 Ungroup 툴을 이용하여 날개를 선택합니다.

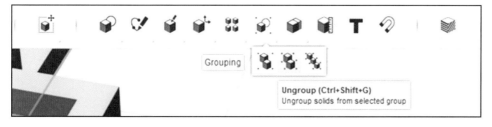

 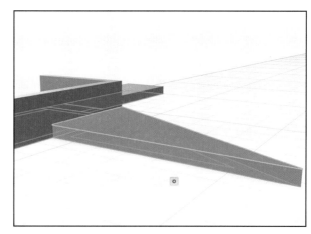

06 한쪽 날개 Solid를 선택하고 Plane을 정하면 오른쪽 날개가 완성됩니다.

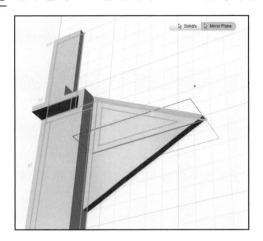

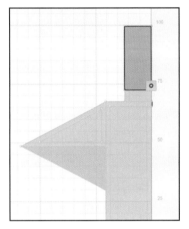

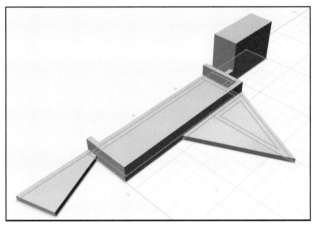

3) 모터 지지대

01 '01' 그림과 같이 면을 선택하면 모눈종이가 따라 서게 됩니다.

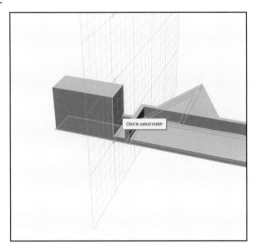

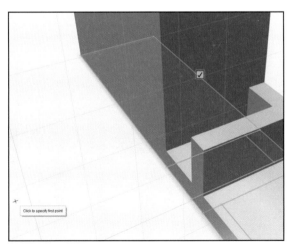

02 왼쪽 그림과 같은 점에서 Polyline 툴을 이용하여 왼쪽으로 2mm만큼, 아래로 2mm만 큼 선을 그 립니다.

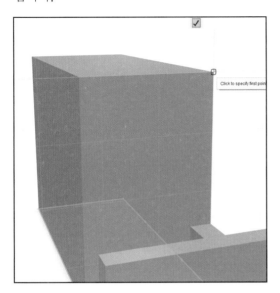 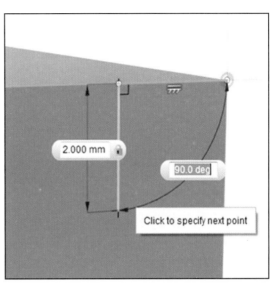

03 Sketch 메뉴의 Sketch Rectangle 툴을 이용하여 직사각형을 그려봅시다. 툴을 먼저 클릭하고 '14'에서 그린 직선을 선택하면 '14'에서 그린 직선을 기준으로 직사각형을 그릴 수 있습니다. 가로 9.75mm, 세로 15mm 크기의 직사각형을 그립니다.

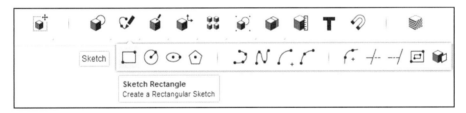

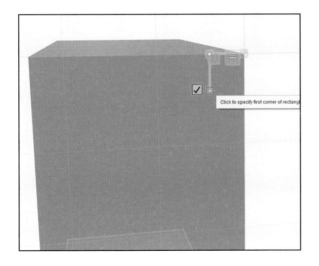 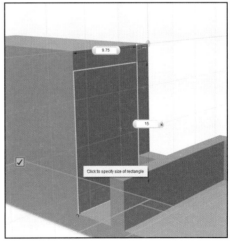

04 '15'에서 그린 직사각형의 값을 −27mm로 입력하여 Extrude합니다.

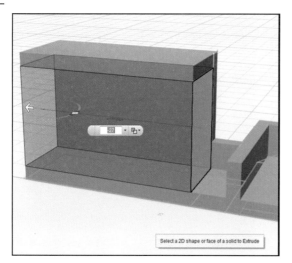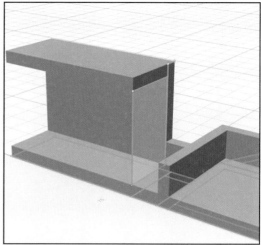

05 스케치를 삭제하고 모서리를 다듬어 봅시다.

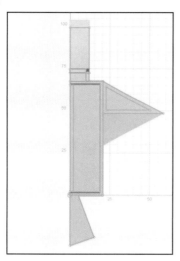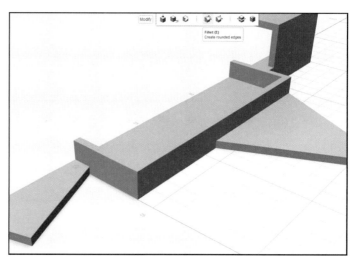

06 먼저 꼬리 날개쪽 부분을 다듬어 봅시다. 모서리를 선택하고 값을 7로 입력하여 깎아냅니다.

 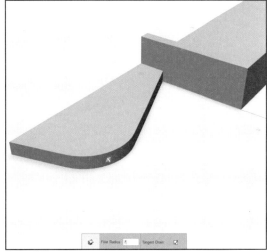

07 화살표로 표시된 부분의 값을 2로 입력하여 깎아냅니다.

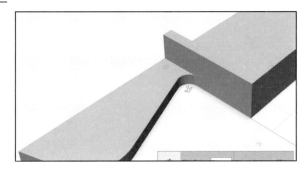 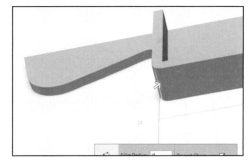

08 왼쪽 그림의 날개 부분은 6만큼, 오른쪽 그림의 날개 끝부분은 3만큼 다듬어 봅시다.

 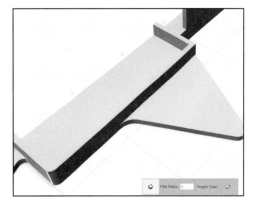

09 위쪽 그림의 모서리는 2만큼, 아래쪽 그림의 모서리는 10만큼 다듬어 봅시다.

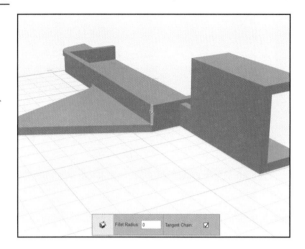 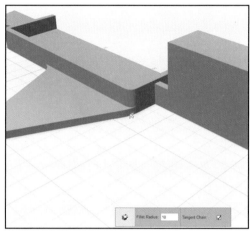

10 왼쪽 그림의 모서리는 7만큼, 오른쪽 그림의 모서리는 2만큼 다듬어 봅시다.

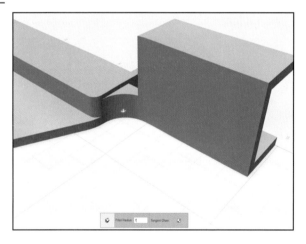 

11 모터를 넣을 부분을 수정해 봅시다. Sketch Rectangle 툴을 이용하여 모터가 들어갈 면을 클릭합니다. 그리고 원점 부분에서 가로는 오른쪽으로 사각형을 넘어가도록, 세로는 13mm의 직사각형을 그립니다.

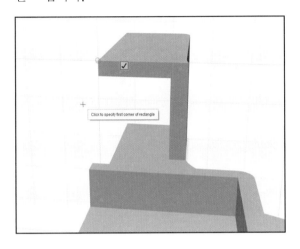
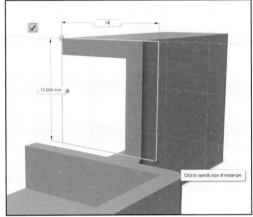

12 -17mm만큼 Extrude하고 스케치는 삭제합니다.

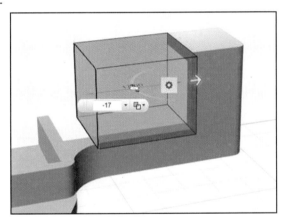
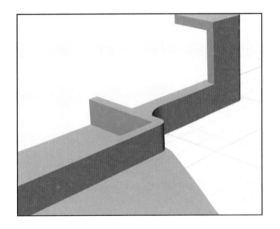

13 모터가 잘 들어갈 수 있도록 화살표로 표시된 부분에 1만큼 모서리를 깎아냅니다.

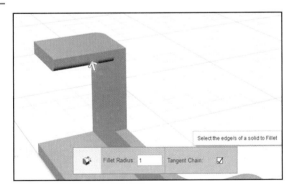
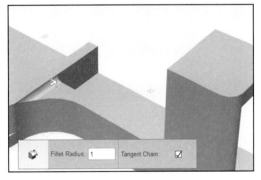

14 바닥면의 모서리 전체를 1만큼 깎아냅니다.

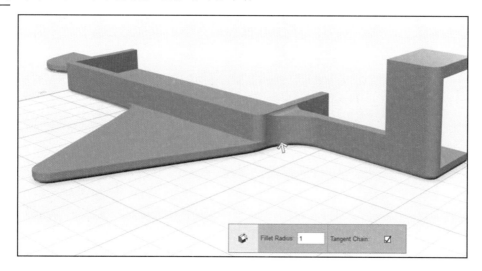

15 화살표로 표시된 부분에 1만큼 모서리를 깎아냅니다.

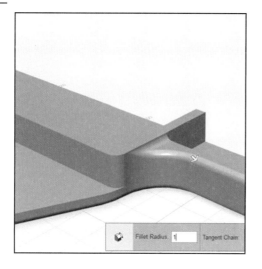
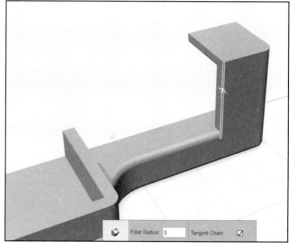

16 Solid 전체를 드래그하여 그룹을 지어줍니다. 그리고 미러링을 하기 위해 Polyline 툴을 이용하여 바닥에 기준선을 그립니다.

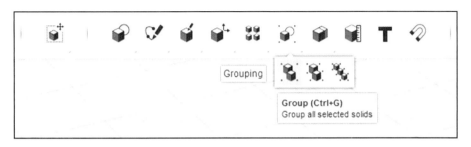

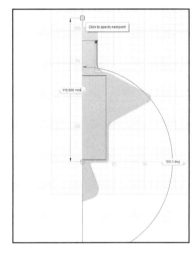

17 Solid를 선택하고 Plane을 기준선으로 정하여 미러링합니다. 스케치는 삭제하세요.

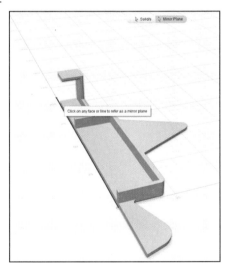

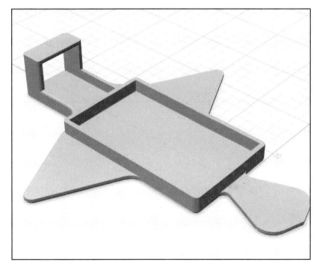

18 Fillet 툴을 이용하여 Ctrl 키를 누른 상태에서 몸통과 날개가 만나는 부분을 모두 선택하세요. 그리고 값을 3으로 입력하여 모서리를 깎아냅니다.

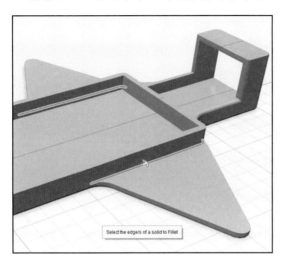 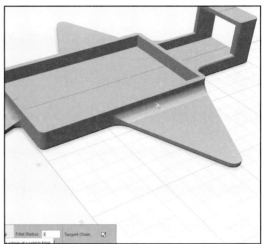

19 '30'과 같은 방법으로 건전지 케이스의 윗부분도 0.5만큼 모서리를 깎아냅니다.

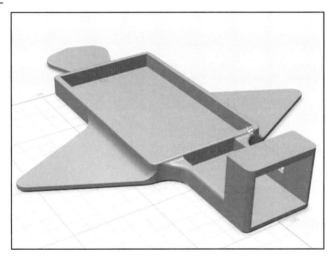

4) 선풍기 바디 꾸미기

01 시점을 아랫면으로 돌려 비행기 날개에 구멍을 뚫어 꾸며 봅시다. Solid에 구멍을 내어 주면 출력 시간과 재료를 아낄 수 있는 장점이 있습니다. 비행기 바디를 꾸며 자신만의 비행기를 만들어 봅시다. Polyline 툴을 선택하고 바닥을 찍으면 중점이 나타납니다. 그리고 중점으로부터 수직으로 48.5mm만큼 직선을 그립니다.

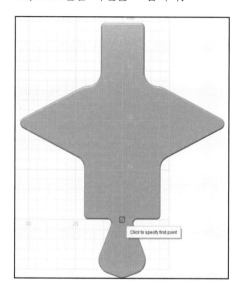 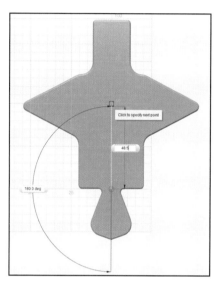

02 '01'에서 그린 직선의 꼭짓점에서 양쪽으로 각각 30mm의 직선을 그립니다.

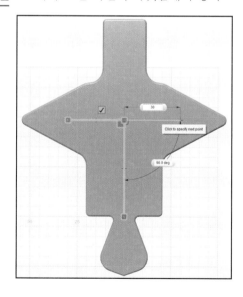 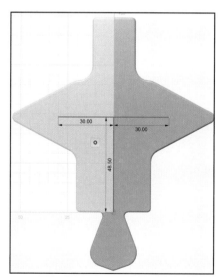

03 Sketch 메뉴의 Sketch Polygon 툴을 이용하여 양쪽으로 그렸던 직선의 꼭짓점을 클릭하여 육각형을 그립니다. 위의 그림과 같이 반지름 치수를 클릭하고 옆의 숫자를 바꾸면, 바뀐 숫자만큼의 다각형이 생성됩니다.

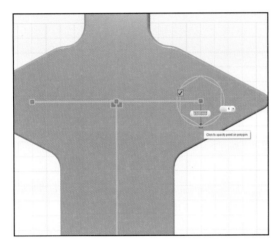
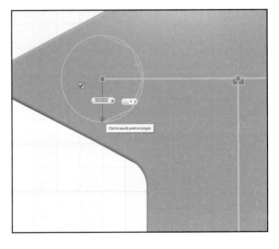

04 그려낸 다각형들을 Extrude하여 구멍을 내어줍니다. 스케치는 삭제하고 시점을 아랫면으로 돌립니다.

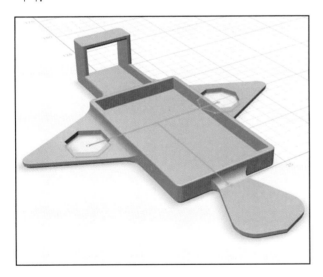
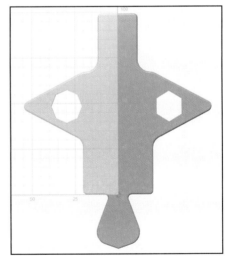

05 텍스트를 입력하여 건전지 케이스 부분을 꾸며 봅시다. 메뉴에서 Text를 클릭하여 텍스트를 입력하세요. 글자 크기를 바디에 맞게 맞추고, 빨간색 네모를 이용하여 적당한 위치로 이동시킵니다. 건전지 케이스 부분이 없어지지 않도록 주의합니다.

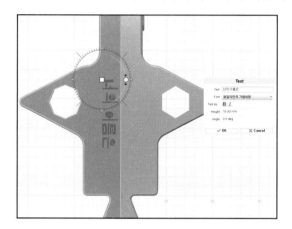 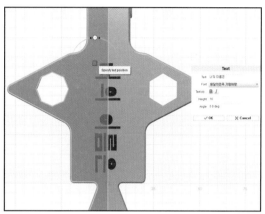

06 글자를 클릭하여 Extrude text를 눌러 뚫어줍니다. 다양한 도형과 문구를 입력하여 구멍을 내어 자신만의 비행기를 만들어 보세요.

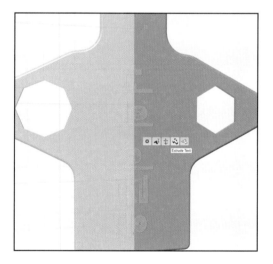 

5) 보조 지지대 만들기

01 Polyline으로 사각형에 중앙점을 만들 것입니다. Polyline 툴로 사각형을 클릭하면 오른쪽 사진과 같이 사각형의 중앙에 표시가 뜹니다.

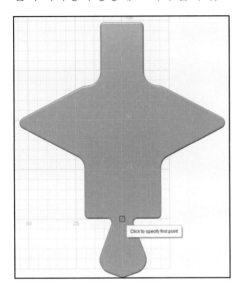 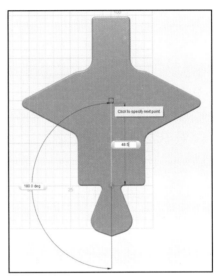

02 중앙에 구속할 수 있는 X표시가 뜨면, 가로선과 세로선을 그어줍니다.

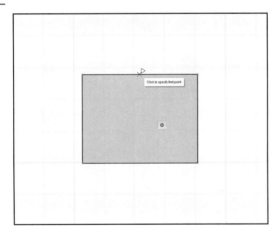 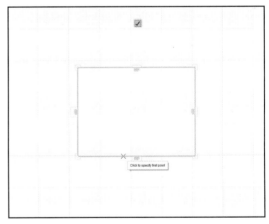

03 그 교점을 중심으로 지름 7mm의 원을 그립니다.

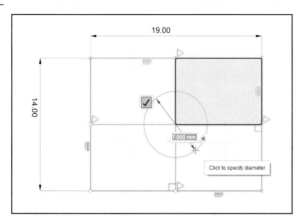 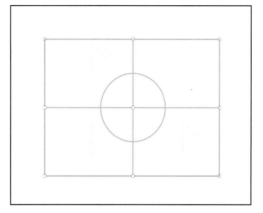

04 다시 중점에서 Polyline 툴을 이용하여 왼쪽으로 6mm만큼 직선을 그립니다. 생성된 점을 중심으로 지름 2mm의 원을 그립니다.

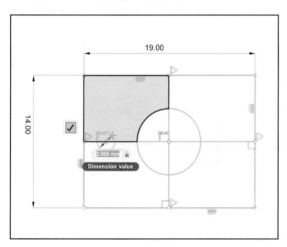 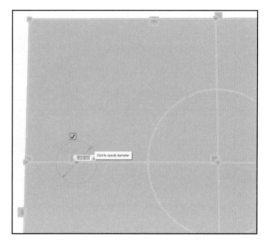

05 '42'에서 그린 원을 6mm만큼 EXtrude합니다. 그리고 가운데 원을 제외하고 면을 선택하여 2mm만큼 Extrude합니다.

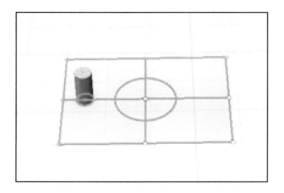 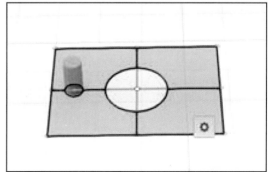

06 Merge를 눌러 합집합으로 만들어주고 오른쪽의 그림과 같이 스케치는 삭제합니다.

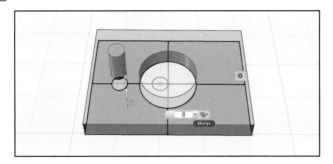
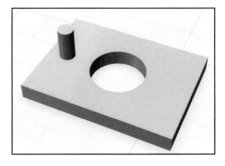

07 만들었던 비행기 모양의 선풍기 바디를 Group 툴을 이용하여 그룹화합니다. 그리고 Shift + D 키를 눌러 중앙으로 보냅니다.

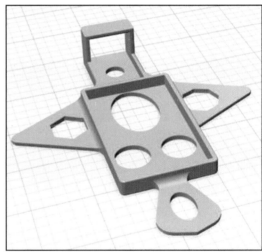

08 만들었던 보조 지지대를 바디 가까이에 끌어다 놓으면 완성입니다.

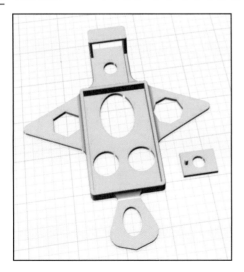

CHAPTER

03

드론부품 활용 3D보트제작

[학습 목표]

• 드론부품을 활용하여 3D보트를 제작하여 코딩할 수 있다.

1 보트 모델링

1) 보트 반쪽 스케치

01 먼저 배의 바닥을 그려봅시다. 원점에서 우측으로 15mm만큼 나아가, Spline 툴을 이용하여 오른쪽으로 한 칸, 위로 세 칸을 올려 점을 찍습니다.

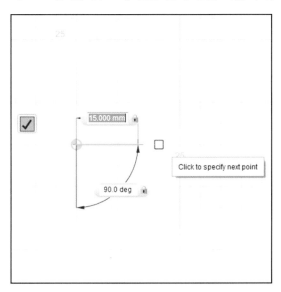
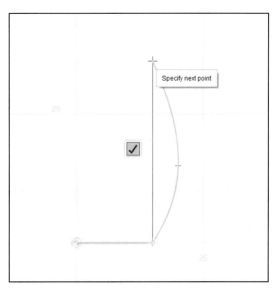

02 '1'에서 다시 왼쪽으로 한 칸 위로, 7칸을 올려 그립니다. 그리고 중심축과 동일한 선상에서 모눈종이에 적힌 75보다 두 칸 위에 있는 곳으로 점을 올립니다.

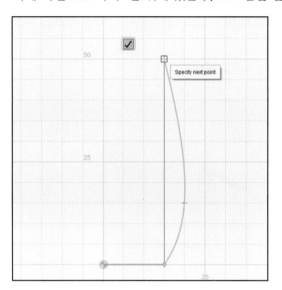 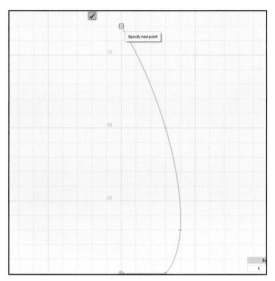

03 Polyline 툴을 이용하여 끝점과 중심축에 있는 점을 이어줍니다. 그리고 Move 툴을 이용하여 위로 25mm만큼 올립니다.

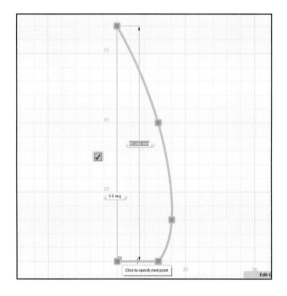 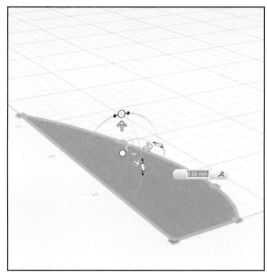

04 위로 이동시키면 모눈종이에 스케치의 그림자가 나타납니다. 그림자를 이용하여 '3'에 서 그린 스케치보다 한 칸씩 더 큰 크기의 스케치를 그립니다. Polyline 툴을 이용하여 그립니다. 오른쪽 그림을 참고하세요.

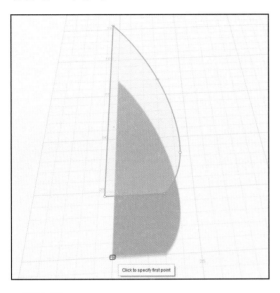 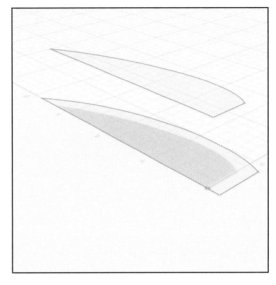

+ 플러스 Tip

모눈종이의 한 칸은 기본적으로 5mm로 설정되어 있답니다. 조금 더 큰 배를 그리고 싶으면 칸수를 더 많이 가져가거나 길이를 직접 입력해 그려보세요.

05 '4'에서 그린 스케치를 선택하여 Move 툴을 이용하여 20mm만큼 위로 이동시킵니다.

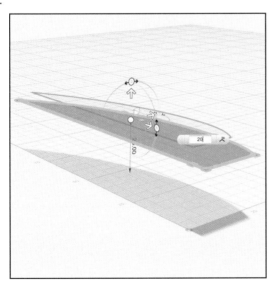 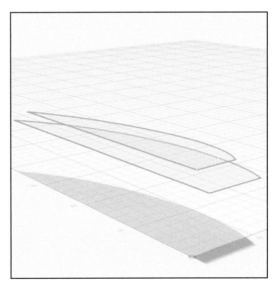

06 '3'에서 그린 스케치를 바닥으로 내리기 위해 25mm만큼 Move 툴을 이용하여 내립니다. 그리고 Constuct 메뉴에서 Loft 툴을 이용하여 두 스케치를 이어서 솔리드를 만듭니다.

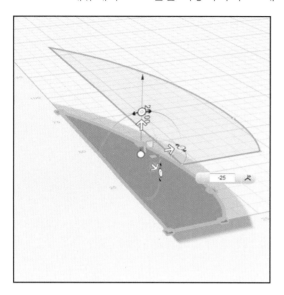 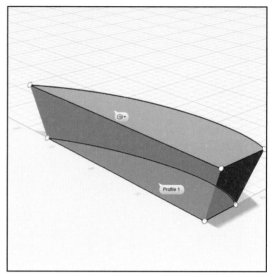

07 Modify 메뉴의 Shell 툴을 이용하여 배의 중심부분 면을 선택하고, Thickness Inside를 2로 입력하여 면을 파냅니다. 그리고 시점을 돌려 윗부분의 스케치를 선택하여 2mm만큼 Extrude합니다.

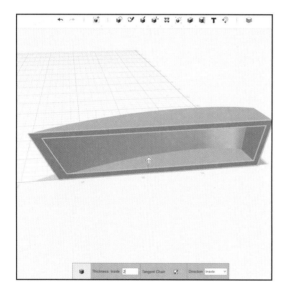 

08 위, 아래의 스케치를 삭제하면 보트의 반쪽이 완성됩니다. 그리고 완성된 반쪽 보트를 전체 선택하여 미러링을 하는데, 이때 Plane은 옆면을 선택하여 줍니다.

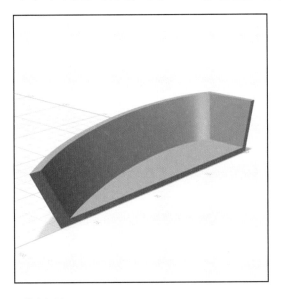 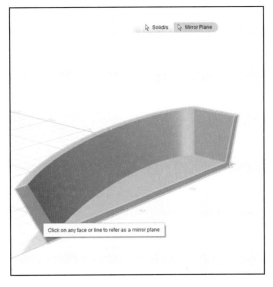

+ 플러스 Tip

　미러링을 할 때 꼭 중심선이 없더라도 내가 미러링을 할 면(Plan)을 잡아주면 쉽게 미러링을 할 수 있답니다.

09 미러링한 보트 전체를 드래그하여 그룹화하면 마우스를 갖다 대도 전체가 반응하는 것을 볼 수 있습니다.

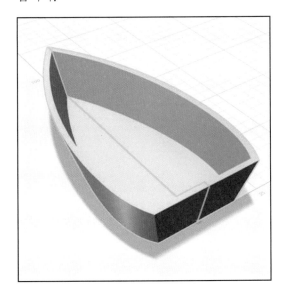 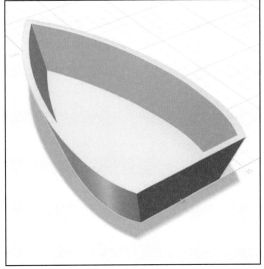

2) 보트 메인보드 케이스

01 시점을 아랫면으로 이동하여 Polyline 툴을 이용하여 바닥면을 찍어 20mm만큼 이동한 후 왼쪽으로 15mm만큼 이동하여 점을 찍습니다. 그리고 Rectangle 툴을 이용하여 가로 30mm, 세로 17mm의 직사각형을 그립니다.

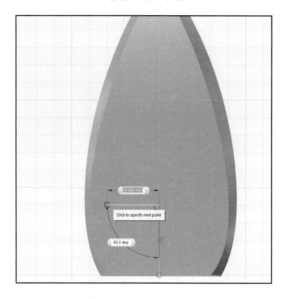
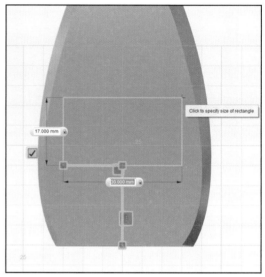

02 '10'에서 그린 직사각형을 안으로 1.3mm만큼 Offset합니다. 그리고 테두리가 될 부분을 클릭하고 24mm만큼 Extrude Merge합니다. 그리고 스케치를 삭제합니다.

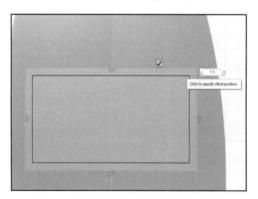
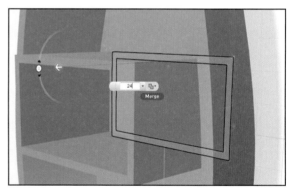

03 스케치하기 쉽도록, 솔리드를 숨깁니다. 우측면에 Hide Solide를 클릭하세요. 그리고 Primitives 메뉴의 Rectangle 툴을 이용하여 Length : 30, Width : 17을 입력하여 사각형을 그립니다. 같은 중점에서 Length : 18, Width : 32를 입력하여 사각형을 또 하나 그립니다.

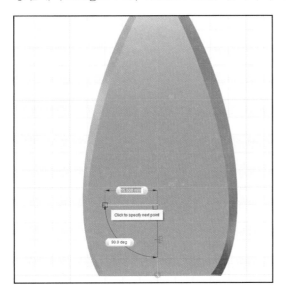 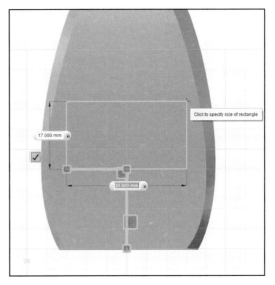

04 스케치하기 쉽도록, 솔리드를 숨깁니다. 우측면에 Hide Solide를 클릭하세요. 그리고 Primitives 메뉴의 Rectangle 툴을 이용하여 Length : 36, Width : 23을 입력하여 사각형을 그립니다. 같은 중점에서 Length : 18, Width : 32를 입력하여 사각형을 또 하나 그립니다.

 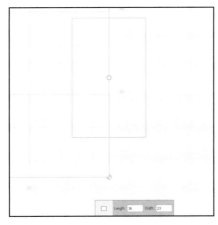 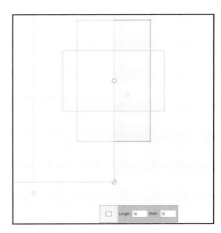

+ 플러스 Tip

Primitives 메뉴의 Rectangle 툴은 사각형의 중점을 기준으로 그려집니다. 중점을 그릴 부위에 갖다 대고 숫자를 입력한 뒤 [Tab] 키를 이용해 다음 숫자도 넣어보세요.

05 가로로 긴 직사각형의 네 귀퉁이에 지름 6mm의 원을 그립니다. 그리고 원 위에 직선을 옆으로 그린 후 스케치를 드래그하여 Move 툴을 이용하여 위로 19mm만큼 올립니다.

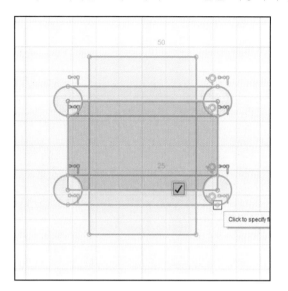 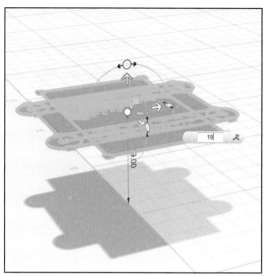

06 왼쪽의 그림과 같은 부분을 선택하고, 10mm만큼 Extrude 한 후 스케치를 삭제합니다.

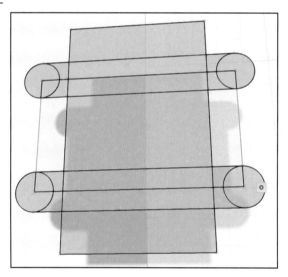 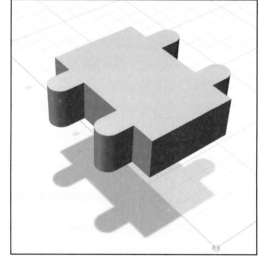

07 솔리드를 선택하여 X축 방향으로 2mm만큼 이동합니다. 그리고 솔리드가 다시 나타나도록 합니다.

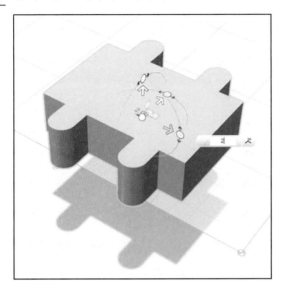 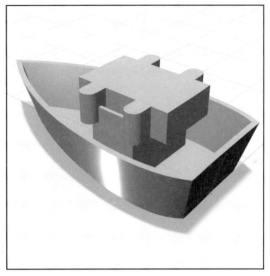

08 Combine 메뉴의 Subtrack 툴을 이용하여 차집합을 하기 위해 먼저 Target Solid를 왼쪽 그림과 같이 선택합니다. Source Solid는 오른쪽 그림과 같은 부분을 선택합니다.

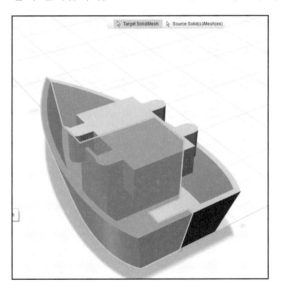 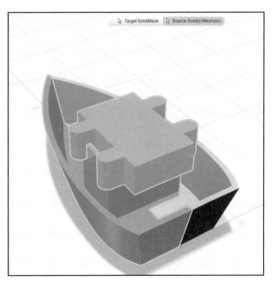

+ 플러스 Tip

Target Solid에 남아 있을 Solid를, Source Solid에 차집합 할 모양의 Solid에 클릭하세요.

09 위의 그림과 같이 차집합이 되면 메인보드 케이스가 들어갈 부분이 완성된 것입니다.

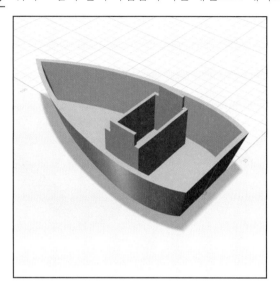

3) 모터 지지대

01 모터를 끼울 수 있도록 지지대를 만들어 봅시다. 시점을 아랫면으로 돌려 왼쪽 그림과 같은 점에 지름 4mm의 원을 그립니다. 그리고 Move 툴을 이용하여 위로 13mm만큼 올리고, 6mm만큼 Extrude 합니다.

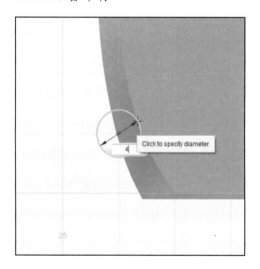
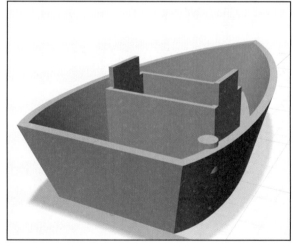

02 바닥에 지름 10mm의 원을 그립니다. 그리고 1.5mm만큼 안으로 Offset한 후 테두리를 선택하여 5mm만큼 Extrude 합니다.

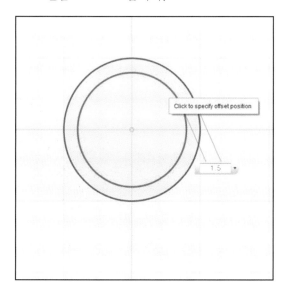

03 솔리드를 이동할 때 사용했던 Move 툴을 이용하여 각도의 변환을 줄 수 있습니다. 화살표가 아닌 동그라미를 누르면 각도를 줄 수 있습니다. 먼저 68˚ 세우고, 다시 60˚ 만큼 돌립니다.

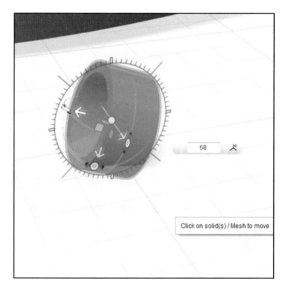
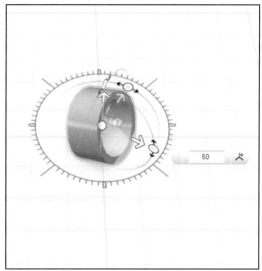

+ 플러스 Tip

123D 프로그램은 각도를 입력하면 얼마만큼 돌아가는지 미리보기를 해 주기 때문에 내가 양의 값을 줄지 음의 값을 줄지 고민하지 말고 각도를 바로 적어보세요.

04 '20'에서 만든 솔리드를 보트의 기둥 위에 올립니다. Move 툴을 이용하여 조금씩 이동시킵니다.

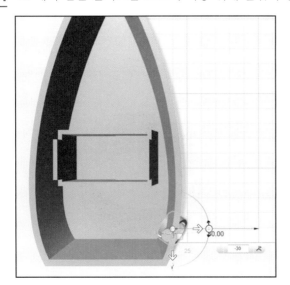 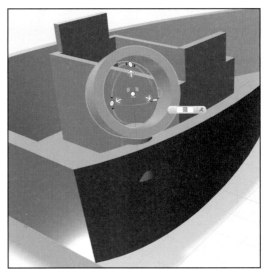

05 중심선을 긋고, Solid를 선택하여 모터를 끼울 부분을 미러링합니다.

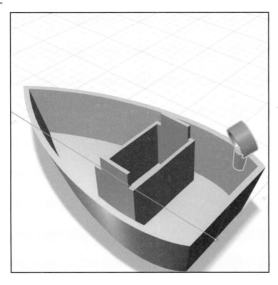 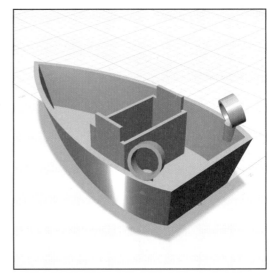

+ 플러스 Tip

만약 특정부위만 미러링이 되지 않을 경우 보트의 반을 스케치를 이용해 모두 지운 뒤 남아 있는 보트의 반을 전부 미러링하면 되겠지요.

4) 모서리 깎아내기

01 메인보드가 안착될 자리를 2만큼 모서리를 깎아냅니다. 그리고 오른쪽 그림의 화살표로 표시된 모터 지지대 기둥 바깥 부분에 1만큼 모서리를 깎아냅니다.

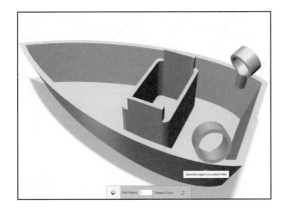 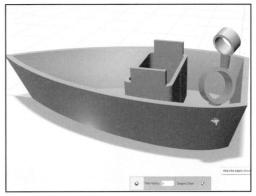

02 왼쪽 그림의 화살표로 표시된 모터 지지대 기둥 안쪽 부분에 2만큼 양쪽 모두 모서리를 깎아냅니다. 그리고 오른쪽 그림의 표시된 부분은 3만큼 모서리를 깎아냅니다. 이 외 자유롭게 다듬어 보세요.

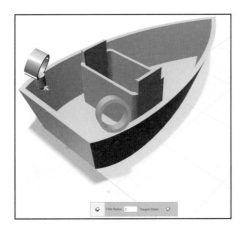 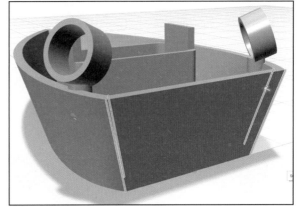

03 모두 다듬은 후 Shift + D 키를 눌러 중앙으로 보내면 완성입니다.

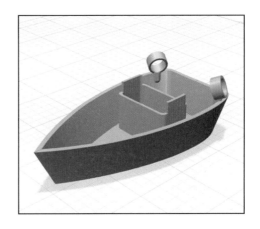

드론 + 3D프린터 + 스크래치 융합코딩

[학습 목표]
- 3D 프린트된 보트를 코딩보드 또는 키보드로 조종할 수 있는 스크래치 코딩 프로젝트를 실행할 수 있다.

1 보트 주행(코딩보드)

1) 직진하기

보트는 모터의 회전을 이용하여 속도와 방향을 제어합니다. 모터 2개의 회전속도를 동일하게 맞추어 앞으로 직진하도록 코딩해 봅시다.

· 코딩 논리 생각 ·

1. 쓰로틀의 상/하 움직임에 따라 변하는 쓰로틀값의 규칙을 이해한다.

2. 쓰로틀의 조건을 정의하고 모터세기를 정의한다.

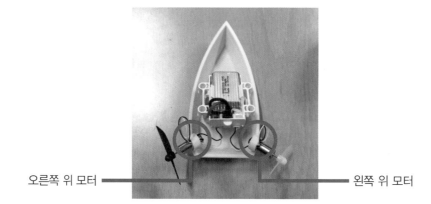

오른쪽 위 모터 ─────── 왼쪽 위 모터

01 [이벤트] 카테고리의 "클릭했을 때" 명령 블록을 스크립트에 드래그하고, [제어] 카테고리의 "무한 반복하기" 명령 블록을 아래쪽에 드래그합니다.

02 [데이터] 카테고리에서 변수 "쓰로틀"을 추가하고 [연산] 카테고리의 블록과 결합한 후 "쓰로틀을 조이스틱 왼쪽 상하 읽기/4로 정하기" 명령 블록을 설정합니다.

03 [추가 블록] 카테고리에서 왼쪽위 모터를 ( )세기 돌리기 블록으로 드래그합니다. 빈칸에는 변수 "쓰로틀"을 삽입합니다.

04 [추가 블록] 카테고리에서 오른쪽 위 모터를 ( )세기 돌리기 블록으로 드래그합니다. 빈칸에는 변수 "쓰로틀"을 삽입합니다.

◈ 결과확인
실행하여 쓰로틀 변수 값을 무대에서 확인하고 보트를 물에 띄워 직진하도록 움직여 본다.

2) 좌/우 회전하기
보트는 모터 2개의 회전 속도를 달리하여 좌회전, 우회전할 수 있습니다. 즉, 왼쪽으로 회전하기 위해서는 오른쪽 모터의 회전수를 높여서 왼쪽으로 방향을 움직일 수 있습니다.

·코딩 논리 생각·

1. 보트의 좌우 방향 회전 원리는 무엇인가?
2. 좌회전하기 위한 모터 회전 조건을 생각한다.
3. 우회전하기 위한 모터 회전 조건을 생각한다.

01 [이벤트] 카테고리의 "클릭했을 때" 명령 블록을 스크립트에 드래그하고, [제어] 카테고리의 "무한 반복하기" 명령 블록을 아래쪽에 드래그합니다.

02 [데이터] 카테고리의 변수 "쓰로틀"과 [연산] 카테고리의 블록과 결합한 후 "쓰로틀을 조이스틱 왼쪽 상하 읽기/4로 정하기" 명령블록을 설정합니다.

03 좌우 방향을 정하기 위해 롤이 50 이상이 참이면 오른쪽 모터가 더욱 세게 회전하도록 쓰로틀의 2배로 정합니다.

04 좌우 방향을 정하기 위해 롤이 −50 이하가 참이면 왼쪽 모터가 더욱 세게 회전하도록 쓰로틀의 2배로 정합니다.

05 [추가 블록] 카테고리에서 오른쪽 위 모터를 ( )세기 돌리기 블록에 드래그합니다. 빈칸에는 "오른쪽모터"를 삽입합니다.

06 [추가 블록] 카테고리에서 왼쪽 위 모터를 ( )세기 돌리기 블록으로 드래그합니다. 빈칸에는 "왼쪽모터"를 삽입합니다.

❯ 결과 확인

실행하여 쓰로틀 왼쪽모터, 오른쪽모터의 값을 무대에서 확인하고 보트를 물에 띄워 좌/우회전하도록 움직여 본다.

2 보트 주행(키보드)

1) 직진하기

보트는 모터의 회전을 이용하여 속도와 방향을 제어합니다. 모터 2개의 회전속도를 동일하게 맞추어 앞으로 직진하도록 코딩해 봅시다.

• 코딩 논리 생각 •

1. 스크래치 코딩을 이용하여 키보드로 보트를 직진시키는 코딩방법을 생각한다.

2. 키보드로 보트 주행 중 정지하기 위한 코딩방법을 생각한다.

+ 플러스 Tip

이번 시간에 배울 보트 주행은 마우스나 코딩보드를 사용하지 않고 오직 키보드로만 보트를 조작하는 방법을 사용할 것입니다. 스크래치에서 코딩할 때 유의하세요.

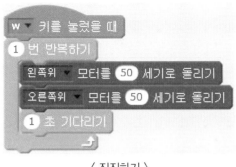

〈 직진하기 〉

01 [이벤트] 카테고리의 "w키를 눌렀을 때" 블록을 드래그하고, [제어] 카테고리의 "1번 반복하기" 명령 블록을 아래쪽에 드래그합니다.

02 왼쪽 위, 오른쪽 위 모터를 각각 50세기로 돌려 직진할 수 있도록 명령 블록을 드래그합니다.

03 [제어] 카테고리의 "1초 기다리기"를 추가하여 1초동안 보트가 직진할 수 있도록 코딩합니다.

〈 멈추기 〉

01 [이벤트] 카테고리의 "스페이스키를 눌렀을 때" 블록을 드래그합니다.

02 왼쪽 위, 오른쪽 위 모터를 각각 0세기로 돌려 모터의 회전이 멈출 수 있도록 명령 블록을 드래그합니다.

》 결과 확인

Ｗ 키를 눌러 물에 띄운 보트가 직진하는지 확인합니다. 주행 중인 보트가 Space 키를 누르면 주행을 멈추는지 확인합니다.

2) 좌/우회전하기

보트는 모터 2개의 회전 속도를 달리하여 좌회전, 우회전할 수 있습니다.

· 코딩 논리 생각 ·

1. 보트의 좌우 방향 회전 원리는 무엇인가?

2. 키보드로 조종할 때 좌회전하기 위한 모터 회전 조건을 생각한다.

3. 키보드로 조종할 때 우회전하기 위한 모터 회전 조건을 생각한다.

〈 우회전하기 〉

01 [이벤트] 카테고리의 "d키를 눌렀을 때" 블록을 드래그하고, [제어] 카테고리의 "1번 반복하기" 명령 블록을 아래쪽에 드래그합니다.

02 왼쪽 위, 오른쪽 위 모터를 각각 80, 50 세기로 돌려 직진할 수 있도록 명령 블록을 드래그합니다.

03 [제어] 카테고리의 "1초 기다리기"를 추가하여 1초 동안 보트가 직진할 수 있도록 코딩합니다.

+ 플러스 Tip

우회전은 오른쪽 위 모터세기를 더 강하게 돌려야 합니다.

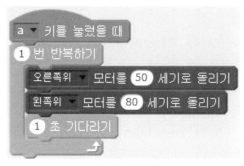

〈 좌회전하기 〉

01 [이벤트] 카테고리의 "a키를 눌렀을 때" 블록을 드래그하고, [제어] 카테고리의 "1번 반복하기" 명령 블록을 아래쪽에 드래그합니다.

02 왼쪽 위, 오른쪽 위 모터를 각각 50, 80 세기로 돌려 직진할 수 있도록 명령 블록을 드래그합니다.

03 [제어] 카테고리의 "1초 기다리기"를 추가하여 1초 동안 보트가 직진할 수 있도록 코딩합니다.

+ 플러스 Tip

좌회전은 왼쪽 위 모터세기를 더 강하게 돌려야 합니다.